Ivan Koesjnir

Economie van Azië

Serie "Economie in landen"

eerst gepubliceerd: 2021
laatst bijgewerkt: 2021-02-02

Ivan Koesjnir. Economie van Azië. Serie "Economie in landen". - 2021. - 73 pages.

Dit boek over de economie van Azië van de jaren 1970 tot de jaren 2010. Brongegevens uit UN Data.

Grootte. In de jaren 2010 was het bruto binnenlands product van Azië gelijk aan US$27,4 biljoen per jaar; de waarde van de landbouw was US$1,9 biljoen; de waarde van de industrie was US$8,1 biljoen.

Productiviteit. In de jaren 2010 bedroeg het bruto binnenlands product per hoofd van de bevolking $6.207,1, de waarde van de landbouw per hoofd $436,7, de waarde van de industrie per hoofd $1.847,0. Omdat de productiviteit tussen het gemiddelde van onder het gemiddelde en het gemiddelde ligt, wordt de economie geclassificeerd als in ontwikkeling.

Groei. In de jaren 2010 bedroeg de groei van het bruto binnenlands product 5,2%; de groei van de landbouw was 3,3%; de groei van de industrie was 5,6%.

Structuur. In de jaren 2010 omvatte de economie van Azië: diensten (35,2%), industrie (30,5%), handel (13,5%), landbouw (7,2%), transport (7,1%) en bouw (6,5%).

Uitvoer en invoer. In de jaren 2010 was de uitvoer 8,3% hoger dan de invoer, de netto-uitvoer was gelijk aan 2,4% van het BBP.

Consumptie en reproductie. De houding van reproductie ten opzichte van de consumptie is beter dan het mondiale gemiddelde, dus het aandeel van het BBP in de wereld zal toenemen.

Serie "Economie in landen": parallel.page.link/nl

ISBN: 9798701854312

Inhoud

Part I. Grootte

de jaren 2010

BBP   US$27,4 biljoen

Het aandeel in de wereld   35,2%

Hoofdstuk I. Bruto binnenlands product

Het bruto binnenlands product van Azië steeg van US$1,2 biljoen per jaar in de jaren 1970 tot US$27,4 biljoen per jaar in de jaren 2010, dat wil zeggen met US$26,1 biljoen of 22,4 keer. De verandering vond plaats op US$18,9 biljoen als gevolg van een 3,2-voudige stijging van de prijzen, en ook op US$6,1 biljoen als gevolg van een 3,7-voudige toename van de productiviteit , evenals op US$1,1 biljoen als gevolg van de toename van de bevolking. De gemiddelde jaarlijkse groei van het BBP is 5,0%. De minimumwaarde van het bruto binnenlands product bedroeg US$515,8 miljard in 1970. De maximumwaarde van het bruto binnenlands product bedroeg US$33,1 biljoen in 2019.

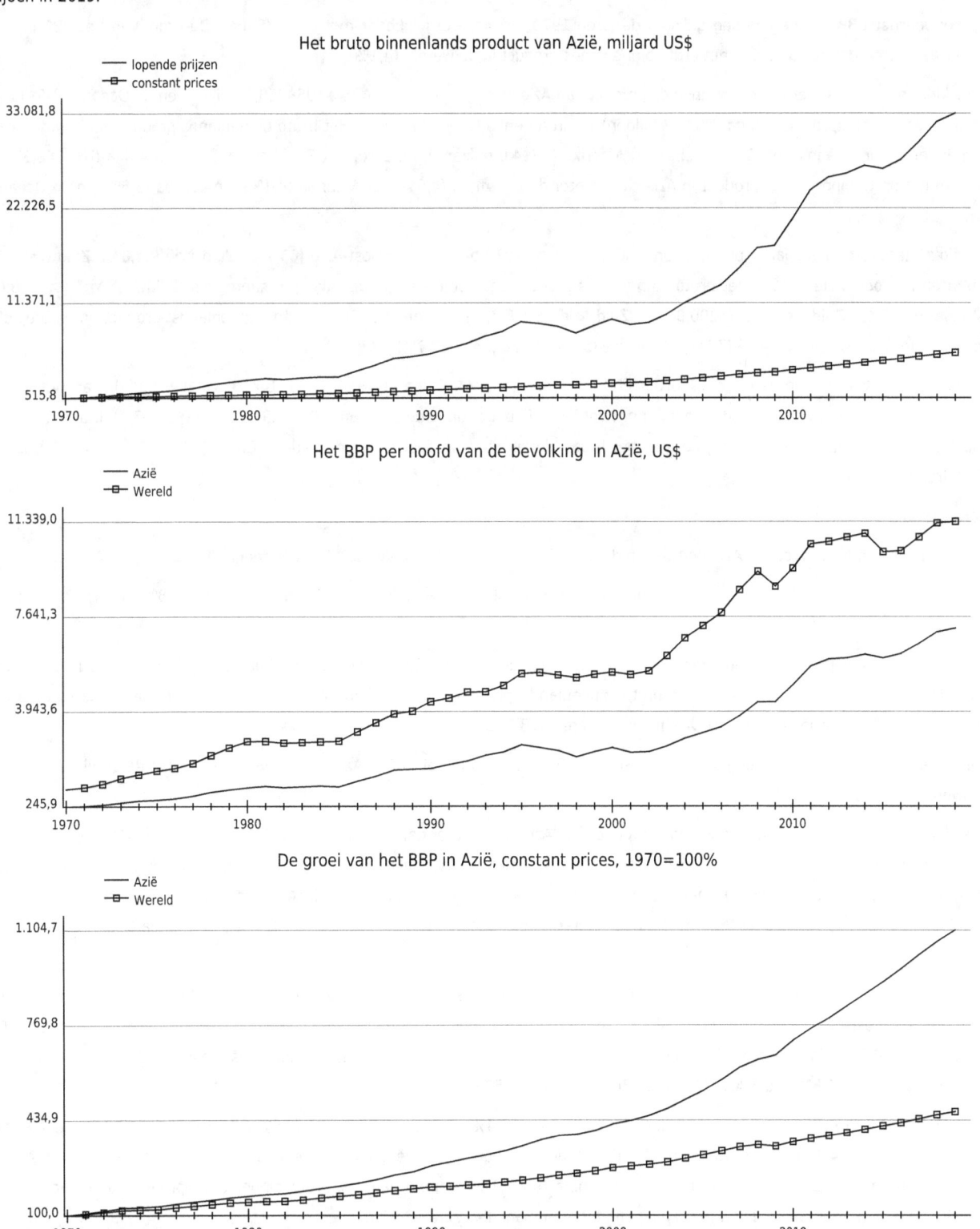

Het bruto binnenlands product van Azië, miljard US$

Het BBP per hoofd van de bevolking in Azië, US$

De groei van het BBP in Azië, constant prices, 1970=100%

de jaren 1970

Het BBP van Azië bedroeg in de jaren 1970 US$1,2 biljoen per jaar. Het aandeel in de wereld was 18,6%.

Het bruto binnenlands product van Azië bestond uit: huishoudelijke uitgaven (53,8%), kapitaalvorming (30,6%), overheidsuitgaven (13,1%) en netto-uitvoer (2,1%).

Het bruto binnenlands product per hoofd in Azië was $525,2 in de jaren 1970s, en was vergelijkbaar met Noord-Korea (US$524,0), Guatemala (US$527,2), Zambia (US$519,9). Het bruto binnenlands product per hoofd in Azië was in 3,1 keer lager dan het bruto binnenlands product per hoofd van de bevolking in de wereld ($1.620,8).

De groei van het BBP in Azië bedroeg 5.5% in de jaren 1970, en was vergelijkbaar met Cuba (5,4%). De groei van het BBP in Azië (5,5%) was groter dan de groei van het bruto binnenlands product in de wereld (4,1%).

Vergelijking met regio's. Het bruto binnenlands product van Azië was groter dan in Afrika (US$266,0 miljard) en in Oceanië (US$115,2 miljard); maar minder dan in Europa (US$2,7 biljoen) en in Amerika (US$2,3 biljoen). Het bruto binnenlands product per hoofd in Azië was minder dan in Oceanië (US$5,4 duizend), in Amerika (US$4,0 duizend), in Europa (US$3,7 duizend) en in Afrika (US$648,3). De groei van het bruto binnenlands product in Azië was groter dan in Afrika (4,5%), in Amerika (4,1%), in Europa (3,6%) en in Oceanië (2,8%).

Subregio's. Het bruto binnenlands product van Azië in de jaren 1970 bestond uit: Oost-Azië (63,7%), Zuid-Azië (14,8%), Zuidwest-Azië (13,9%) en Zuidoost-Azië (7,5%). Het bruto binnenlands product per hoofd van de bevolking in subregio's: Zuidwest-Azië ($2.010,0), Oost-Azië ($709,4), Zuidoost-Azië ($290,9) en Zuid-Azië ($218,7). De groei van het bruto binnenlands product in subregio's: Zuidwest-Azië (7,6%), Zuidoost-Azië (7,1%), Oost-Azië (5,3%) en Zuid-Azië (2,7%).

Leiders. Het BBP van Azië in de jaren 1970 bestond uit: Japan (45,8%), China (12,8%), India (8,2%), Turkije (5,0%), Iran (4,0%), en andere (24,3%). Het bruto binnenlands product per hoofd in Azië onder de leiders: Japan ($5.011,3), Turkije ($1.563,7), Iran ($1.490,8), China ($171,0) en India ($162,0). De groei van het bruto binnenlands product onder de leiders: China (6,0%), Turkije (4,8%), Japan (4,6%), Iran (3,0%) en India (2,6%).

de jaren 1980

Het bruto binnenlands product van Azië bedroeg in de jaren 1980 US$3,5 biljoen per jaar. Het aandeel in de wereld was 23,0%.

Het bruto binnenlands product van Azië bestond uit: huishoudelijke uitgaven (54,5%), kapitaalvorming (29,8%), overheidsuitgaven (13,9%) en netto-uitvoer (1,4%).

Het bruto binnenlands product per hoofd in Azië was $1.222,0 in de jaren 1980s, en was vergelijkbaar met Irak (US$1.222,1), Botswana (US$1.215,6), Swaziland (US$1.214,1). Het bruto binnenlands product per hoofd in Azië was in 2,6 keer lager dan het bruto binnenlands product per hoofd van de bevolking in de wereld (US$3.123,4).

De groei van het BBP in Azië bedroeg 4.6% in de jaren 1980. De groei van het BBP in Azië (4,6%) was groter dan de groei van het BBP in de wereld (3,0%).

Vergelijking met regio's. Het bruto binnenlands product van Azië was groter dan in Afrika (US$538,1 miljard) en in Oceanië (US$257,5 miljard); maar minder dan in Europa (US$5,4 biljoen) en in Amerika (US$5,4 biljoen). Het bruto binnenlands product per hoofd in Azië was groter dan in Afrika (US$993,3); maar minder dan in Oceanië (US$10,4 duizend), in Amerika (US$8,2 duizend) en in Europa (US$7,1 duizend). De groei van het BBP in Azië was groter dan in Oceanië (3,1%), in Amerika (2,8%), in Europa (2,5%) en in Afrika (1,8%).

Subregio's. Het bruto binnenlands product van Azië in de jaren 1980 bestond uit: Oost-Azië (69,3%), Zuid-Azië (12,1%), Zuidwest-Azië (11,3%) en Zuidoost-Azië (7,3%). Het bruto binnenlands product per hoofd van de bevolking in subregio's: Zuidwest-Azië ($3.440,0), Oost-Azië ($1.880,1), Zuidoost-Azië ($637,6) en Zuid-Azië ($401,2). De groei van het bruto binnenlands product in subregio's: Oost-Azië (5,7%), Zuidoost-Azië (5,3%), Zuid-Azië (3,5%) en Zuidwest-Azië (0,53%).

Leiders. Het BBP van Azië in de jaren 1980 bestond uit: Japan (52,4%), China (9,5%), India (7,0%), Zuid-Korea (3,5%), Saoedi-Arabië (3,5%), en andere (24,2%). Het bruto binnenlands product per hoofd in Azië onder de leiders: Japan ($14.970,9), Saoedi-Arabië ($9.516,8), Zuid-Korea ($3.004,9), India ($310,5) en China ($307,7). De groei van het bruto binnenlands product onder de leiders: China (9,7%), Zuid-Korea (8,8%), India (5,7%), Japan (4,3%) en Saoedi-Arabië (-2,7%).

de jaren 1990

Het BBP van Azië bedroeg in de jaren 1990 US$7,8 biljoen per jaar. Het aandeel in de wereld was 27,2%.

Het bruto binnenlands product van Azië bestond uit: huishoudelijke uitgaven (53,8%), kapitaalvorming (30,5%), overheidsuitgaven (14,2%) en netto-uitvoer (1,2%).

Het BBP per hoofd in Azië was $2.243,8 in de jaren 1990s, en was vergelijkbaar met Thailand (US$2,2 duizend), Namibië (US$2,2 duizend), Fiji (US$2,3 duizend). Het BBP per hoofd in Azië was in 2,2 keer lager dan het bruto binnenlands product per hoofd van de bevolking in de wereld ($5.020,1).

De groei van het BBP in Azië bedroeg 4.7% in de jaren 1990, en was vergelijkbaar met Indonesië (4,6%), Luxemburg (4,7%). De groei van het BBP in Azië (4,7%) was groter dan de groei van het BBP in de wereld (2,8%).

Vergelijking met regio's. Het bruto binnenlands product van Azië was groter dan in Afrika (US$590,3 miljard) en in Oceanië (US$445,6 miljard); maar minder dan in Amerika (US$10,0 biljoen) en in Europa (US$9,8 biljoen). Het bruto binnenlands product per hoofd in Azië was groter dan in Afrika (US$833,3); maar minder dan in Oceanië (US$15,4 duizend), in Europa (US$13,5 duizend) en in Amerika (US$13,0 duizend). De groei van het BBP in Azië was groter dan in Oceanië (3,3%), in Amerika (3,1%), in Afrika (2,4%) en in Europa (1,4%).

Subregio's. Het bruto binnenlands product van Azië in de jaren 1990 bestond uit: Oost-Azië (75,8%), Zuidwest-Azië (8,5%), Zuid-Azië (7,7%), Zuidoost-Azië (7,4%) en Centraal-Azië (0,60%). Het bruto binnenlands product per hoofd van de bevolking in subregio's: Oost-Azië ($4.048,5), Zuidwest-Azië ($4.003,0), Zuidoost-Azië ($1.187,4), Centraal-Azië ($891,5) en Zuid-Azië ($459,4). De groei van het BBP in subregio's: Zuidoost-Azië (5,2%), Zuid-Azië (5,1%), Zuidwest-Azië (4,6%), Oost-Azië (4,4%) en Centraal-Azië (-4,0%).

Leiders. Het BBP van Azië in de jaren 1990 bestond uit: Japan (55,7%), China (9,2%), Zuid-Korea (5,7%), India (4,6%), Turkije (3,0%), en andere (21,7%). Het BBP per hoofd in Azië onder de leiders: Japan ($34.325,0), Zuid-Korea ($9.892,2), Turkije ($4.031,0), China ($581,3) en India ($378,0). De groei van het bruto binnenlands product onder de leiders: China (10,0%), Zuid-Korea (7,2%), India (5,7%), Turkije (3,9%) en Japan (1,5%).

de jaren 2000

Het bruto binnenlands product van Azië bedroeg in de jaren 2000 US$12,6 biljoen per jaar, en was vergelijkbaar met de Verenigde Staten (US$12,6 biljoen). Het aandeel in de wereld was 26,9%.

Het BBP van Azië bestond uit: huishoudelijke uitgaven (51,9%), kapitaalvorming (29,6%), overheidsuitgaven (15,0%) en netto-uitvoer (3,6%).

Het bruto binnenlands product per hoofd in Azië was $3.180,5 in de jaren 2000s, en was vergelijkbaar met Fiji (US$3,2 duizend), Tunesië (US$3,2 duizend), Wit-Rusland (US$3,2 duizend). Het BBP per hoofd in Azië was in 2,3 keer lager dan het bruto binnenlands product per hoofd van de bevolking in de wereld ($7.176,3).

De groei van het BBP in Azië bedroeg 5.2% in de jaren 2000, en was vergelijkbaar met Servië (5,2%), Burkina Faso (5,3%), Singapore (5,3%). De groei van het BBP in Azië (5,2%) was groter dan de groei van het BBP in de wereld (3,0%).

Vergelijking met regio's. Het bruto binnenlands product van Azië was groter dan in Afrika (US$1,1 biljoen) en in Oceanië (US$832,3 miljard); maar minder dan in Amerika (US$16,7 biljoen) en in Europa (US$15,4 biljoen). Het bruto binnenlands product per hoofd in Azië was groter dan in Afrika (US$1.228,8); maar minder dan in Oceanië (US$25,0 duizend), in Europa (US$21,1 duizend) en in Amerika (US$19,0 duizend). De groei van het BBP in Azië was groter dan in Afrika (5,1%), in Oceanië (3,0%), in Amerika (2,1%) en in Europa (1,8%).

Subregio's. Het bruto binnenlands product van Azië in de jaren 2000 bestond uit: Oost-Azië (68,9%), Zuidwest-Azië (11,8%), Zuid-Azië (10,3%), Zuidoost-Azië (8,1%) en Centraal-Azië (0,81%). Het BBP per hoofd van de bevolking in subregio's: Zuidwest-Azië ($7.291,7), Oost-Azië ($5.558,6), Zuidoost-Azië ($1.827,8), Centraal-Azië ($1.757,0) en Zuid-Azië ($823,6). De groei van het BBP in subregio's: Centraal-Azië (7,8%), Zuid-Azië (5,7%), Oost-Azië (5,3%), Zuidoost-Azië (5,1%) en Zuidwest-Azië (4,3%).

Leiders. Het BBP van Azië in de jaren 2000 bestond uit: Japan (37,1%), China (20,6%), Zuid-Korea (6,7%), India (6,6%), Turkije (3,7%), en andere (25,3%). Het bruto binnenlands product per hoofd in Azië onder de leiders: Japan ($36.386,2), Zuid-Korea ($17.318,0), Turkije ($6.834,6), China ($1.954,1) en India ($730,3). De groei van het bruto binnenlands product onder de leiders: China (10,3%),

India (6,3%), Zuid-Korea (4,9%), Turkije (3,9%) en Japan (0,50%).

de jaren 2010

Het BBP van Azië bedroeg in de jaren 2010 US$27,4 biljoen per jaar. Het aandeel in de wereld was 35,2%.

Het BBP van Azië bestond uit: huishoudelijke uitgaven (48,0%), kapitaalvorming (33,8%), overheidsuitgaven (15,6%) en netto-uitvoer (2,4%).

Het BBP per hoofd in Azië was $6.207,1 in de jaren 2010s, en was vergelijkbaar met Thailand (US$6,2 duizend), Zuidelijk Afrika (US$6,3 duizend). Het bruto binnenlands product per hoofd in Azië was 41,5% lager dan het bruto binnenlands product per hoofd van de bevolking in de wereld ($10.603,1).

De groei van het bruto binnenlands product in Azië bedroeg 5.2% in de jaren 2010, en was vergelijkbaar met Zuidoost-Azië (5,2%), Sri Lanka (5,2%). De groei van het BBP in Azië (5,2%) was groter dan de groei van het bruto binnenlands product in de wereld (3,1%).

Vergelijking met regio's. Het BBP van Azië was 7,5% groter dan in Amerika (US$25,5 biljoen), 30,5% groter dan in Europa (US$21,0 biljoen), 11,8 keer groter dan in Afrika (US$2,3 biljoen) en 16,5 keer groter dan in Oceanië (US$1,7 biljoen). Het BBP per hoofd in Azië was 3,1 keer groter dan in Afrika (US$1.979,5); maar 6,8 keer minder dan in Oceanië (US$42,3 duizend), 4,5 keer minder dan in Europa (US$28,2 duizend) en 4,2 keer minder dan in Amerika (US$26,1 duizend). De groei van het bruto binnenlands product in Azië was groter dan in Afrika (2,9%), in Oceanië (2,5%), in Amerika (2,2%) en in Europa (1,6%).

Subregio's. Het bruto binnenlands product van Azië in de jaren 2010 bestond uit: Oost-Azië (66,1%), Zuid-Azië (12,0%), Zuidwest-Azië (11,4%), Zuidoost-Azië (9,4%) en Centraal-Azië (1,1%). Het bruto binnenlands product per hoofd van de bevolking in subregio's: Zuidwest-Azië ($12.257,5), Oost-Azië ($11.032,3), Centraal-Azië ($4.439,5), Zuidoost-Azië ($4.091,4) en Zuid-Azië ($1.801,7). De groei van het BBP in subregio's: Zuid-Azië (5,6%), Centraal-Azië (5,5%), Oost-Azië (5,4%), Zuidoost-Azië (5,2%) en Zuidwest-Azië (3,9%).

Leiders. Het BBP van Azië in de jaren 2010 bestond uit: China (38,4%), Japan (19,1%), India (8,1%), Zuid-Korea (5,3%), Indonesië (3,4%), en andere (25,7%). Het bruto binnenlands product per hoofd in Azië onder de leiders: Japan ($40.869,8), Zuid-Korea ($28.660,3), China ($7.491,3), Indonesië ($3.640,7) en India ($1.696,8). De groei van het bruto binnenlands product onder de leiders: China (7,7%), India (6,7%), Indonesië (5,4%), Zuid-Korea (3,3%) en Japan (1,3%).

Hoofdstuk II. Toegevoegde waarde

De toegevoegde waarde van Azië steeg van US$1,2 biljoen per jaar in de jaren 1970 tot US$26,7 biljoen per jaar in de jaren 2010, dat wil zeggen met US$25,6 biljoen of 22,7 keer. De verandering vond plaats op US$19,0 biljoen als gevolg van een 3,4-voudige stijging van de prijzen, en ook op US$5,5 biljoen als gevolg van een 3,5-voudige toename van de productiviteit , evenals op US$1,1 biljoen als gevolg van de toename van de bevolking. De gemiddelde jaarlijkse groei van de toegevoegde waarde is 4,9%. De minimumwaarde van de toegevoegde waarde bedroeg US$499,2 miljard in 1970. De maximumwaarde van de toegevoegde waarde bedroeg US$32,3 biljoen in 2019.

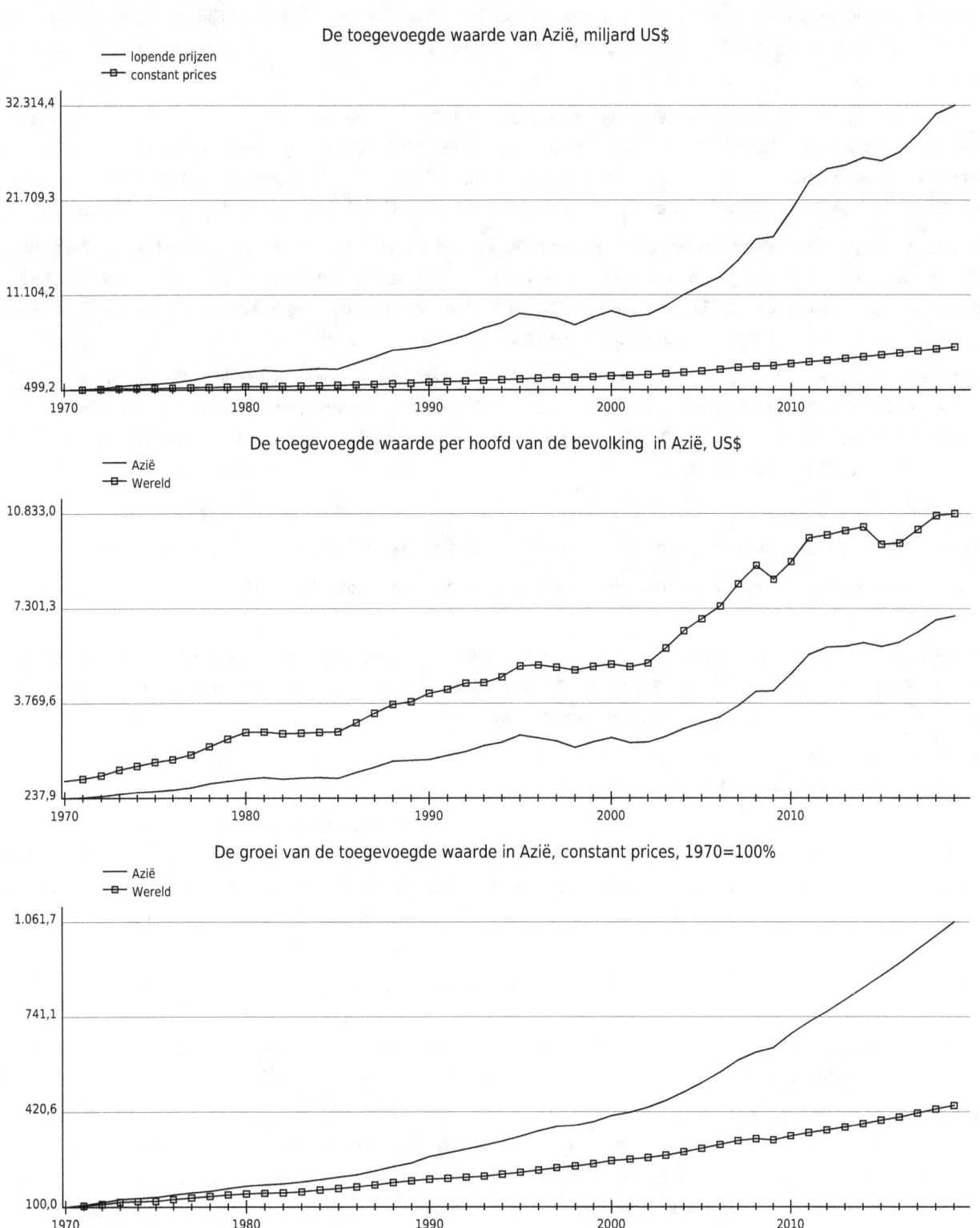

De toegevoegde waarde van Azië, miljard US$

De toegevoegde waarde per hoofd van de bevolking in Azië, US$

De groei van de toegevoegde waarde in Azië, constant prices, 1970=100%

de jaren 1970

De toegevoegde waarde van Azië bedroeg in de jaren 1970 US$1,2 biljoen per jaar. Het aandeel in de wereld was 18,7%.

De totale toegevoegde waarde van Azië bestond uit: industrie (34,2%), diensten (23,9%), landbouw (15,1%), handel (13,2%), constructie (6,8%) en vervoer (6,8%).

De toegevoegde waarde per hoofd in Azië was $508,3 in de jaren 1970s, en was vergelijkbaar met Mozambique (US$513,8), Marokko (US$500,5), Samoa (US$516,3). De toegevoegde waarde per hoofd in Azië was in 3,1 keer lager dan de toegevoegde waarde per hoofd van de bevolking in de wereld ($1.564,4).

De groei van de toegevoegde waarde in Azië bedroeg 5.5% in de jaren 1970, en was vergelijkbaar met Panama (5,5%), Frans-Polynesië (5,5%), Griekenland (5,5%). De groei van de toegevoegde waarde in Azië (5,5%) was groter dan de groei van de toegevoegde waarde in de wereld (3,9%).

Vergelijking met regio's. De toegevoegde waarde van Azië was groter dan in Afrika (US$254,0 miljard) en in Oceanië (US$108,3 miljard); maar minder dan in Europa (US$2,5 biljoen) en in Amerika (US$2,2 biljoen). De toegevoegde waarde per hoofd in Azië was minder dan in Oceanië (US$5,1 duizend), in Amerika (US$4,0 duizend), in Europa (US$3,5 duizend) en in Afrika (US$619,0). De groei van de toegevoegde waarde in Azië was groter dan in Afrika (4,9%), in Amerika (3,5%), in Europa (3,4%) en in Oceanië (3,2%).

Subregio's. De toegevoegde waarde van Azië in de jaren 1970 bestond uit: Oost-Azië (64,4%), Zuid-Azië (14,3%), Zuidwest-Azië (13,7%) en Zuidoost-Azië (7,6%). De toegevoegde waarde per hoofd van de bevolking in subregio's: Zuidwest-Azië ($1.908,3), Oost-Azië ($694,0), Zuidoost-Azië ($283,8) en Zuid-Azië ($204,7). De groei van de toegevoegde waarde in subregio's: Zuidwest-Azië (7,6%), Zuidoost-Azië (7,0%), Oost-Azië (5,3%) en Zuid-Azië (3,0%).

Leiders. De toegevoegde waarde van Azië in de jaren 1970 bestond uit: Japan (46,2%), China (13,2%), India (7,7%), Turkije (4,4%), Iran (4,1%), en andere (24,3%). De toegevoegde waarde per hoofd in Azië onder de leiders: Japan ($4.897,5), Iran ($1.506,2), Turkije ($1.345,5), China ($171,0) en India ($146,6). De groei van de toegevoegde waarde onder de leiders: Japan (4,9%), China (4,7%), Turkije (4,7%), Iran (3,8%) en India (2,4%).

de jaren 1980

De toegevoegde waarde van Azië bedroeg in de jaren 1980 US$3,4 biljoen per jaar. Het aandeel in de wereld was 23,1%.

De totale toegevoegde waarde van Azië bestond uit: industrie (31,9%), diensten (29,5%), handel (14,0%), landbouw (10,3%), vervoer (7,3%) en bouw (7,0%).

De toegevoegde waarde per hoofd in Azië was $1.191,9 in de jaren 1980s, en was vergelijkbaar met de Marshalleilanden (US$1.194,4), de FS van Micronesië (US$1.200,6), Peru (US$1.182,8). De toegevoegde waarde per hoofd in Azië was in 2,5 keer lager dan de toegevoegde waarde per hoofd van de bevolking in de wereld (US$3.029,9).

De groei van de toegevoegde waarde in Azië bedroeg 4.3% in de jaren 1980, en was vergelijkbaar met de Sovjet-Unie (4,3%). De groei van de toegevoegde waarde in Azië (4,3%) was groter dan de groei van de toegevoegde waarde in de wereld (2,9%).

Vergelijking met regio's. De toegevoegde waarde van Azië was groter dan in Afrika (US$513,9 miljard) en in Oceanië (US$242,8 miljard); maar minder dan in Amerika (US$5,4 biljoen) en in Europa (US$5,1 biljoen). De toegevoegde waarde per hoofd in Azië was groter dan in Afrika (US$948,7); maar minder dan in Oceanië (US$9,8 duizend), in Amerika (US$8,2 duizend) en in Europa (US$6,6 duizend). De groei van de toegevoegde waarde in Azië was groter dan in Oceanië (3,4%), in Amerika (2,7%), in Europa (2,6%) en in Afrika (1,2%).

Subregio's. De toegevoegde waarde van Azië in de jaren 1980 bestond uit: Oost-Azië (70,1%), Zuid-Azië (11,4%), Zuidwest-Azië (11,2%) en Zuidoost-Azië (7,4%). De toegevoegde waarde per hoofd van de bevolking in subregio's: Zuidwest-Azië ($3.338,3), Oost-Azië ($1.854,0), Zuidoost-Azië ($628,1) en Zuid-Azië ($366,2). De groei van de toegevoegde waarde in subregio's: Oost-Azië (5,6%), Zuidoost-Azië (5,2%), Zuid-Azië (2,7%) en Zuidwest-Azië (0,11%).

Leiders. De toegevoegde waarde van Azië in de jaren 1980 bestond uit: Japan (53,2%), China (9,8%), India (6,3%), Saoedi-Arabië (3,6%), Zuid-Korea (3,2%), en andere (23,9%). De toegevoegde waarde per hoofd in Azië onder de leiders: Japan ($14.839,7), Saoedi-Arabië ($9.572,4), Zuid-Korea ($2.706,5), China ($307,7) en India ($273,2). De groei van de toegevoegde waarde onder de leiders: China (9,4%), Zuid-Korea (8,4%), India (5,8%), Japan (4,2%) en Saoedi-Arabië (-2,7%).

de jaren 1990

De toegevoegde waarde van Azië bedroeg in de jaren 1990 US$7,6 biljoen per jaar, en was vergelijkbaar met de Verenigde Staten (US$7,6 biljoen). Het aandeel in de wereld was 27,8%.

De totale toegevoegde waarde van Azië bestond uit: diensten (33,4%), industrie (29,1%), handel (15,3%), vervoer (8,1%), bouw (7,2%) en landbouw (6,9%).

De toegevoegde waarde per hoofd in Azië was $2.197,3 in de jaren 1990s, en was vergelijkbaar met Litouwen (US$2,2 duizend), Suriname (US$2,2 duizend), Thailand (US$2,2 duizend). De toegevoegde waarde per hoofd in Azië was in 2,2 keer lager dan de toegevoegde waarde per hoofd van de bevolking in de wereld ($4.799,9).

De groei van de toegevoegde waarde in Azië bedroeg 4.6% in de jaren 1990, en was vergelijkbaar met Mozambique (4,6%), de Salomonseilanden (4,6%), El Salvador (4,6%). De groei van de toegevoegde waarde in Azië (4,6%) was groter dan de groei van de toegevoegde waarde in de wereld (2,7%).

Vergelijking met regio's. De toegevoegde waarde van Azië was groter dan in Afrika (US$561,8 miljard) en in Oceanië (US$411,7 miljard); maar minder dan in Amerika (US$9,9 biljoen) en in Europa (US$8,9 biljoen). De toegevoegde waarde per hoofd in Azië was groter dan in Afrika (US$793,2); maar minder dan in Oceanië (US$14,2 duizend), in Amerika (US$12,8 duizend) en in Europa (US$12,3 duizend). De groei van de toegevoegde waarde in Azië was groter dan in Oceanië (3,3%), in Amerika (2,8%), in Afrika (2,3%) en in Europa (1,3%).

Subregio's. De toegevoegde waarde van Azië in de jaren 1990 bestond uit: Oost-Azië (76,5%), Zuidwest-Azië (8,2%), Zuidoost-Azië (7,5%), Zuid-Azië (7,2%) en Centraal-Azië (0,60%). De toegevoegde waarde per hoofd van de bevolking in subregio's: Oost-Azië ($3.998,1), Zuidwest-Azië ($3.790,1), Zuidoost-Azië ($1.185,5), Centraal-Azië ($870,8) en Zuid-Azië ($420,6). De groei van de toegevoegde waarde in subregio's: Zuidoost-Azië (5,1%), Zuid-Azië (4,9%), Oost-Azië (4,4%), Zuidwest-Azië (4,3%) en Centraal-Azië (-4,3%).

Leiders. De toegevoegde waarde van Azië in de jaren 1990 bestond uit: Japan (56,6%), China (9,4%), Zuid-Korea (5,3%), India (4,2%), Turkije (2,8%), en andere (21,6%). De toegevoegde waarde per hoofd in Azië onder de leiders: Japan ($34.190,7), Zuid-Korea ($8.995,4), Turkije ($3.649,1), China ($581,3) en India ($336,7). De groei van de toegevoegde waarde onder de leiders: China (9,4%), Zuid-Korea (6,9%), India (5,6%), Turkije (3,3%) en Japan (1,8%).

de jaren 2000

De toegevoegde waarde van Azië bedroeg in de jaren 2000 US$12,3 biljoen per jaar, en was vergelijkbaar met de Verenigde Staten (US$12,6 biljoen). Het aandeel in de wereld was 27,7%.

De totale toegevoegde waarde van Azië bestond uit: diensten (34,4%), industrie (30,6%), handel (14,1%), vervoer (8,5%), landbouw (6,5%) en constructie (5,8%).

De toegevoegde waarde per hoofd in Azië was $3.111,3 in de jaren 2000s, en was vergelijkbaar met Namibië (US$3,1 duizend). De toegevoegde waarde per hoofd in Azië was in 2,2 keer lager dan de toegevoegde waarde per hoofd van de bevolking in de wereld ($6.818,0).

De groei van de toegevoegde waarde in Azië bedroeg 5.1% in de jaren 2000, en was vergelijkbaar met Singapore (5,1%). De groei van de toegevoegde waarde in Azië (5,1%) was groter dan de groei van de toegevoegde waarde in de wereld (2,9%).

Vergelijking met regio's. De toegevoegde waarde van Azië was groter dan in Afrika (US$1,1 biljoen) en in Oceanië (US$768,7 miljard); maar minder dan in Amerika (US$16,4 biljoen) en in Europa (US$13,8 biljoen). De toegevoegde waarde per hoofd in Azië was groter dan in Afrika (US$1.165,9); maar minder dan in Oceanië (US$23,1 duizend), in Europa (US$18,9 duizend) en in Amerika (US$18,6 duizend). De groei van de toegevoegde waarde in Azië was groter dan in Afrika (4,9%), in Oceanië (3,0%), in Amerika (1,9%) en in Europa (1,7%).

Subregio's. De toegevoegde waarde van Azië in de jaren 2000 bestond uit: Oost-Azië (69,6%), Zuidwest-Azië (11,5%), Zuid-Azië (9,9%), Zuidoost-Azië (8,2%) en Centraal-Azië (0,79%). De toegevoegde waarde per hoofd van de bevolking in subregio's: Zuidwest-Azië ($6.918,5), Oost-Azië ($5.493,9), Zuidoost-Azië ($1.807,0), Centraal-Azië ($1.675,9) en Zuid-Azië ($772,7). De groei van de toegevoegde waarde in subregio's: Centraal-Azië (7,5%), Zuid-Azië (5,6%), Oost-Azië (5,1%), Zuidoost-Azië (4,9%) en Zuidwest-Azië (4,2%).

Leiders. De toegevoegde waarde van Azië in de jaren 2000 bestond uit: Japan (37,9%), China (21,1%), India (6,2%), Zuid-Korea (6,2%), Turkije (3,3%), en andere (25,3%). De toegevoegde waarde per hoofd in Azië onder de leiders: Japan ($36.383,0), Zuid-Korea ($15.683,0), Turkije ($6.046,1), China ($1.954,1) en India ($668,3). De groei van de toegevoegde waarde onder de leiders: China (10,2%), India (6,2%), Zuid-Korea (4,8%), Turkije (3,7%) en Japan (0,27%).

de jaren 2010

De toegevoegde waarde van Azië bedroeg in de jaren 2010 US$26,7 biljoen per jaar. Het aandeel in de wereld was 36,1%.

De totale toegevoegde waarde van Azië bestond uit: diensten (35,2%), industrie (30,5%), handel (13,5%), landbouw (7,2%), transport (7,1%) en bouw (6,5%).

De toegevoegde waarde per hoofd in Azië was $6.065,5 in de jaren 2010s, en was vergelijkbaar met Montenegro (US$6,1 duizend), Thailand (US$6,2 duizend), Dominica (US$6,2 duizend). De toegevoegde waarde per hoofd in Azië was 39,9% lager dan de toegevoegde waarde per hoofd van de bevolking in de wereld ($10.094,6).

De groei van de toegevoegde waarde in Azië bedroeg 5.3% in de jaren 2010, en was vergelijkbaar met Indonesië (5,2%), Mozambique (5,3%), Maleisië (5,3%). De groei van de toegevoegde waarde in Azië (5,3%) was groter dan de groei van de toegevoegde waarde in de wereld (3,1%).

Vergelijking met regio's. De toegevoegde waarde van Azië was 8,0% groter dan in Amerika (US$24,8 biljoen), 42,3% groter dan in Europa (US$18,8 biljoen), 12,1 keer groter dan in Afrika (US$2,2 biljoen) en 17,3 keer groter dan in Oceanië (US$1,5 biljoen). De toegevoegde waarde per hoofd in Azië was 3,2 keer groter dan in Afrika (US$1.886,4); maar 6,5 keer minder dan in Oceanië (US$39,4 duizend), 4,2 keer minder dan in Amerika (US$25,4 duizend) en 4,2 keer minder dan in Europa (US$25,3 duizend). De groei van de toegevoegde waarde in Azië was groter dan in Afrika (2,7%), in Oceanië (2,5%), in Amerika (2,1%) en in Europa (1,6%).

Subregio's. De toegevoegde waarde van Azië in de jaren 2010 bestond uit: Oost-Azië (67,0%), Zuid-Azië (11,4%), Zuidwest-Azië (11,2%), Zuidoost-Azië (9,4%) en Centraal-Azië (1,0%). De toegevoegde waarde per hoofd van de bevolking in subregio's: Zuidwest-Azië ($11.782,9), Oost-Azië ($10.916,4), Centraal-Azië ($4.131,8), Zuidoost-Azië ($3.974,2) en Zuid-Azië ($1.681,3). De groei van de toegevoegde waarde in subregio's: Zuid-Azië (5,8%), Centraal-Azië (5,5%), Oost-Azië (5,4%), Zuidoost-Azië (5,1%) en Zuidwest-Azië (3,9%).

Leiders. De toegevoegde waarde van Azië in de jaren 2010 bestond uit: China (39,3%), Japan (19,5%), India (7,6%), Zuid-Korea (5,0%), Indonesië (3,4%), en andere (25,4%). De toegevoegde waarde per hoofd in Azië onder de leiders: Japan ($40.660,3), Zuid-Korea ($26.226,9), China ($7.491,3), Indonesië ($3.527,6) en India ($1.552,2). De groei van de toegevoegde waarde onder de leiders: China (7,7%), India (6,8%), Indonesië (5,2%), Zuid-Korea (3,3%) en Japan (1,3%).

Hoofdstuk III. Bruto nationaal inkomen

Het BNI van Azië steeg van US$1,2 biljoen per jaar in de jaren 1970 tot US$27,5 biljoen per jaar in de jaren 2010, dat wil zeggen met US$26,2 biljoen of 22,3 keer. De verandering vond plaats op US$19,0 biljoen als gevolg van een 3,2-voudige stijging van de prijzen, en ook op US$6,2 biljoen als gevolg van een 3,6-voudige toename van de productiviteit , evenals op US$1,1 biljoen als gevolg van de toename van de bevolking. De gemiddelde jaarlijkse groei van het bruto nationaal inkomen is 5,0%. De minimumwaarde van het BNI bedroeg US$520,3 miljard in 1970. De maximumwaarde van het BNI bedroeg US$33,2 biljoen in 2019.

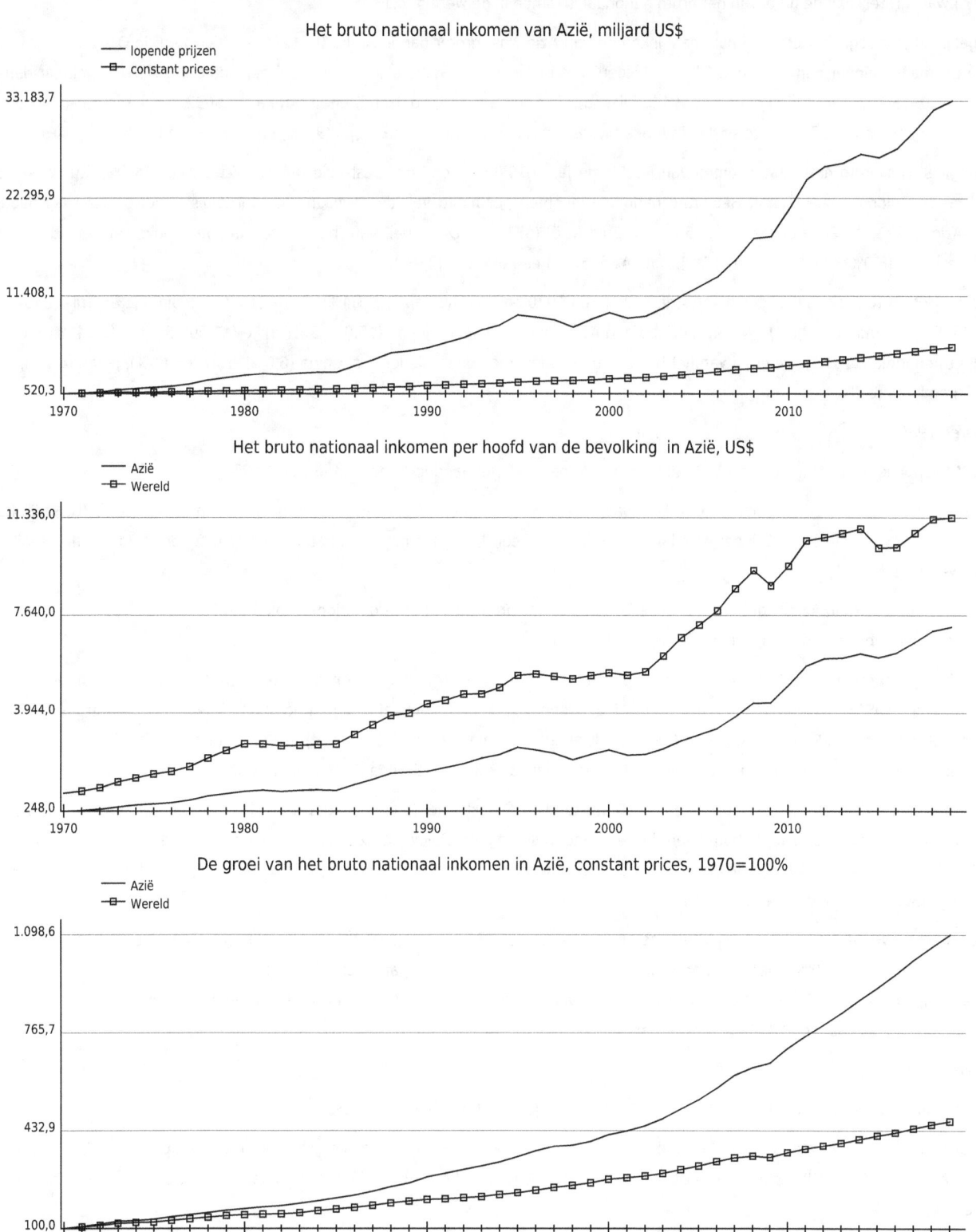

Het bruto nationaal inkomen van Azië, miljard US$

Het bruto nationaal inkomen per hoofd van de bevolking in Azië, US$

De groei van het bruto nationaal inkomen in Azië, constant prices, 1970=100%

de jaren 1970

Het BNI van Azië bedroeg in de jaren 1970 US$1,2 biljoen per jaar. Het aandeel in de wereld was 18,7%.

Het bruto nationaal inkomen per hoofd in Azië was $529,4 in de jaren 1970s, en was vergelijkbaar met Palestina (US$530,1), Guinee-Bissau (US$527,8), Guatemala (US$521,0). Het BNI per hoofd in Azië was in 3,1 keer lager dan het bruto nationaal inkomen per hoofd van de bevolking in de wereld ($1.624,3).

De groei van het BNI in Azië bedroeg 5.5% in de jaren 1970, en was vergelijkbaar met Argentinië (5,5%). De groei van het BNI in Azië (5,5%) was groter dan de groei van het bruto nationaal inkomen in de wereld (4,1%).

Vergelijking met regio's. Het bruto nationaal inkomen van Azië was groter dan in Afrika (US$259,5 miljard) en in Oceanië (US$113,8 miljard); maar minder dan in Europa (US$2,7 biljoen) en in Amerika (US$2,3 biljoen). Het BNI per hoofd in Azië was minder dan in Oceanië (US$5,3 duizend), in Amerika (US$4,0 duizend), in Europa (US$3,7 duizend) en in Afrika (US$632,4). De groei van het bruto nationaal inkomen in Azië was groter dan in Afrika (4,7%), in Amerika (4,0%), in Europa (3,6%) en in Oceanië (2,8%).

Subregio's. Het bruto nationaal inkomen van Azië in de jaren 1970 bestond uit: Oost-Azië (64,3%), Zuid-Azië (14,7%), Zuidwest-Azië (13,7%) en Zuidoost-Azië (7,3%). Het bruto nationaal inkomen per hoofd van de bevolking in subregio's: Zuidwest-Azië ($1.996,8), Oost-Azië ($721,0), Zuidoost-Azië ($285,4) en Zuid-Azië ($218,5). De groei van het bruto nationaal inkomen in subregio's: Zuidwest-Azië (8,0%), Zuidoost-Azië (7,1%), Oost-Azië (5,2%) en Zuid-Azië (2,9%).

Leiders. Het bruto nationaal inkomen van Azië in de jaren 1970 bestond uit: Japan (45,4%), China (13,7%), India (8,1%), Turkije (5,1%), Iran (3,9%), en andere (23,8%). Het BNI per hoofd in Azië onder de leiders: Japan ($5.015,3), Turkije ($1.609,5), Iran ($1.478,6), China ($183,6) en India ($161,6). De groei van het bruto nationaal inkomen onder de leiders: China (6,0%), Turkije (4,8%), Japan (4,7%), Iran (3,5%) en India (2,7%).

de jaren 1980

Het BNI van Azië bedroeg in de jaren 1980 US$3,5 biljoen per jaar. Het aandeel in de wereld was 23,2%.

Het bruto nationaal inkomen per hoofd in Azië was $1.233,8 in de jaren 1980s, en was vergelijkbaar met Melanesië (US$1.214,1), West-Afrika (US$1.261,1). Het BNI per hoofd in Azië was in 2,5 keer lager dan het bruto nationaal inkomen per hoofd van de bevolking in de wereld ($3.117,1).

De groei van het BNI in Azië bedroeg 4.6% in de jaren 1980. De groei van het bruto nationaal inkomen in Azië (4,6%) was groter dan de groei van het bruto nationaal inkomen in de wereld (3,0%).

Vergelijking met regio's. Het BNI van Azië was groter dan in Afrika (US$518,8 miljard) en in Oceanië (US$251,2 miljard); maar minder dan in Europa (US$5,5 biljoen) en in Amerika (US$5,3 biljoen). Het bruto nationaal inkomen per hoofd in Azië was groter dan in Afrika (US$957,8); maar minder dan in Oceanië (US$10,1 duizend), in Amerika (US$8,1 duizend) en in Europa (US$7,1 duizend). De groei van het BNI in Azië was groter dan in Oceanië (2,9%), in Amerika (2,8%), in Europa (2,4%) en in Afrika (1,6%).

Subregio's. Het BNI van Azië in de jaren 1980 bestond uit: Oost-Azië (69,4%), Zuid-Azië (12,1%), Zuidwest-Azië (11,5%) en Zuidoost-Azië (7,0%). Het BNI per hoofd van de bevolking in subregio's: Zuidwest-Azië ($3.542,3), Oost-Azië ($1.901,2), Zuidoost-Azië ($619,7) en Zuid-Azië ($403,0). De groei van het bruto nationaal inkomen in subregio's: Oost-Azië (5,6%), Zuidoost-Azië (5,3%), Zuid-Azië (3,3%) en Zuidwest-Azië (0,94%).

Leiders. Het BNI van Azië in de jaren 1980 bestond uit: Japan (52,1%), China (9,9%), India (6,8%), Saoedi-Arabië (3,6%), Zuid-Korea (3,4%), en andere (24,0%). Het BNI per hoofd in Azië onder de leiders: Japan ($15.042,8), Saoedi-Arabië ($9.977,4), Zuid-Korea ($2.971,7), China ($324,1) en India ($308,7). De groei van het bruto nationaal inkomen onder de leiders: China (9,4%), Zuid-Korea (8,8%), India (5,5%), Japan (4,4%) en Saoedi-Arabië (-1,6%).

de jaren 1990

Het BNI van Azië bedroeg in de jaren 1990 US$7,8 biljoen per jaar. Het aandeel in de wereld was 27,5%.

Het bruto nationaal inkomen per hoofd in Azië was $2.257,5 in de jaren 1990s, en was vergelijkbaar met Namibië (US$2,3 duizend), Fiji (US$2,2 duizend). Het BNI per hoofd in Azië was in 2,2 keer lager dan het bruto nationaal inkomen per hoofd van de bevolking in de wereld ($4.991,4).

De groei van het BNI in Azië bedroeg 4.6% in de jaren 1990. De groei van het bruto nationaal inkomen in Azië (4,6%) was groter dan de groei van het bruto nationaal inkomen in de wereld (2,8%).

Vergelijking met regio's. Het bruto nationaal inkomen van Azië was groter dan in Afrika (US$566,5 miljard) en in Oceanië (US$429,8 miljard); maar minder dan in Amerika (US$9,9 biljoen) en in Europa (US$9,8 biljoen). Het BNI per hoofd in Azië was groter dan in Afrika (US$799,7); maar minder dan in Oceanië (US$14,9 duizend), in Europa (US$13,4 duizend) en in Amerika (US$12,8 duizend). De groei van het bruto nationaal inkomen in Azië was groter dan in Oceanië (3,3%), in Amerika (3,2%), in Afrika (2,5%) en in Europa (1,3%).

Subregio's. Het BNI van Azië in de jaren 1990 bestond uit: Oost-Azië (76,0%), Zuidwest-Azië (8,5%), Zuid-Azië (7,7%), Zuidoost-Azië (7,2%) en Centraal-Azië (0,60%). Het BNI per hoofd van de bevolking in subregio's: Oost-Azië ($4.082,8), Zuidwest-Azië ($4.061,5), Zuidoost-Azië ($1.167,8), Centraal-Azië ($894,8) en Zuid-Azië ($457,0). De groei van het bruto nationaal inkomen in subregio's: Zuidoost-Azië (5,3%), Zuid-Azië (5,1%), Oost-Azië (4,3%), Zuidwest-Azië (4,3%) en Centraal-Azië (-4,3%).

Leiders. Het bruto nationaal inkomen van Azië in de jaren 1990 bestond uit: Japan (55,9%), China (9,2%), Zuid-Korea (5,7%), India (4,6%), Turkije (3,1%), en andere (21,6%). Het bruto nationaal inkomen per hoofd in Azië onder de leiders: Japan ($34.665,3), Zuid-Korea ($9.846,6), Turkije ($4.129,5), China ($584,9) en India ($373,8). De groei van het bruto nationaal inkomen onder de leiders: China (9,3%), Zuid-Korea (7,1%), India (5,8%), Turkije (3,9%) en Japan (1,5%).

de jaren 2000

Het BNI van Azië bedroeg in de jaren 2000 US$12,6 biljoen per jaar, en was vergelijkbaar met de Verenigde Staten (US$12,7 biljoen). Het aandeel in de wereld was 27,1%.

Het bruto nationaal inkomen per hoofd in Azië was $3.199,2 in de jaren 2000s, en was vergelijkbaar met Fiji (US$3,2 duizend), Wit-Rusland (US$3,2 duizend), Bosnië en Herzegovina (US$3,2 duizend). Het bruto nationaal inkomen per hoofd in Azië was in 2,2 keer lager dan het bruto nationaal inkomen per hoofd van de bevolking in de wereld ($7.165,2).

De groei van het BNI in Azië bedroeg 5.3% in de jaren 2000, en was vergelijkbaar met Botswana (5,2%), Burkina Faso (5,2%), Maleisië (5,3%). De groei van het BNI in Azië (5,3%) was groter dan de groei van het bruto nationaal inkomen in de wereld (3,0%).

Vergelijking met regio's. Het bruto nationaal inkomen van Azië was groter dan in Afrika (US$1,1 biljoen) en in Oceanië (US$800,3 miljard); maar minder dan in Amerika (US$16,7 biljoen) en in Europa (US$15,4 biljoen). Het bruto nationaal inkomen per hoofd in Azië was groter dan in Afrika (US$1.185,1); maar minder dan in Oceanië (US$24,0 duizend), in Europa (US$21,1 duizend) en in Amerika (US$19,0 duizend). De groei van het bruto nationaal inkomen in Azië was groter dan in Afrika (5,1%), in Oceanië (2,9%), in Amerika (2,1%) en in Europa (1,8%).

Subregio's. Het BNI van Azië in de jaren 2000 bestond uit: Oost-Azië (69,3%), Zuidwest-Azië (11,7%), Zuid-Azië (10,3%), Zuidoost-Azië (7,9%) en Centraal-Azië (0,76%). Het bruto nationaal inkomen per hoofd van de bevolking in subregio's: Zuidwest-Azië ($7.275,3), Oost-Azië ($5.624,2), Zuidoost-Azië ($1.795,5), Centraal-Azië ($1.642,1) en Zuid-Azië ($823,6). De groei van het bruto nationaal inkomen in subregio's: Centraal-Azië (7,1%), Zuid-Azië (5,7%), Oost-Azië (5,4%), Zuidoost-Azië (5,2%) en Zuidwest-Azië (4,2%).

Leiders. Het BNI van Azië in de jaren 2000 bestond uit: Japan (37,6%), China (20,5%), Zuid-Korea (6,6%), India (6,5%), Turkije (3,6%), en andere (25,2%). Het bruto nationaal inkomen per hoofd in Azië onder de leiders: Japan ($37.144,2), Zuid-Korea ($17.261,1), Turkije ($6.752,6), China ($1.950,5) en India ($725,4). De groei van het BNI onder de leiders: China (10,4%), India (6,3%), Zuid-Korea (5,0%), Turkije (3,5%) en Japan (0,62%).

de jaren 2010

Het BNI van Azië bedroeg in de jaren 2010 US$27,5 biljoen per jaar. Het aandeel in de wereld was 35,3%.

Het BNI per hoofd in Azië was $6.227,9 in de jaren 2010s, en was vergelijkbaar met Turkmenistan (US$6,3 duizend), Servië (US$6,1 duizend), Zuidelijk Afrika (US$6,1 duizend). Het bruto nationaal inkomen per hoofd in Azië was 41,3% lager dan het bruto nationaal inkomen per hoofd van de bevolking in de wereld ($10.611,7).

De groei van het BNI in Azië bedroeg 5.2% in de jaren 2010, en was vergelijkbaar met Zuidoost-Azië (5,2%), Senegal (5,2%), Oeganda (5,2%). De groei van het BNI in Azië (5,2%) was groter dan de groei van het bruto nationaal inkomen in de wereld (3,1%).

Vergelijking met regio's. Het BNI van Azië was 7,3% groter dan in Amerika (US$25,6 biljoen), 31,1% groter dan in Europa (US$20,9 biljoen), 12,3 keer groter dan in Afrika (US$2,2 biljoen) en 17,0 keer groter dan in Oceanië (US$1,6 biljoen). Het BNI per hoofd in Azië was 3,3 keer groter dan in Afrika (US$1.913,3); maar 6,6 keer minder dan in Oceanië (US$41,1 duizend), 4,5 keer minder dan in Europa (US$28,1 duizend) en 4,2 keer minder dan in Amerika (US$26,3 duizend). De groei van het bruto nationaal inkomen in Azië was groter dan in Afrika (2,9%), in Oceanië (2,7%), in Amerika (2,3%) en in Europa (1,6%).

Subregio's. Het BNI van Azië in de jaren 2010 bestond uit: Oost-Azië (66,5%), Zuid-Azië (11,9%), Zuidwest-Azië (11,3%), Zuidoost-Azië (9,2%) en Centraal-Azië (1,0%). Het BNI per hoofd van de bevolking in subregio's: Zuidwest-Azië ($12.236,2), Oost-Azië ($11.127,9), Centraal-Azië ($4.132,6), Zuidoost-Azië ($4.029,1) en Zuid-Azië ($1.802,0). De groei van het BNI in subregio's: Zuid-Azië (5,5%), Centraal-Azië (5,4%), Oost-Azië (5,3%), Zuidoost-Azië (5,2%) en Zuidwest-Azië (3,9%).

Leiders. Het bruto nationaal inkomen van Azië in de jaren 2010 bestond uit: China (38,1%), Japan (19,7%), India (8,0%), Zuid-Korea (5,3%), Indonesië (3,3%), en andere (25,7%). Het bruto nationaal inkomen per hoofd in Azië onder de leiders: Japan ($42.204,7), Zuid-Korea ($28.812,0), China ($7.463,8), Indonesië ($3.495,9) en India ($1.677,9). De groei van het bruto nationaal inkomen onder de leiders: China (7,7%), India (6,6%), Indonesië (5,6%), Zuid-Korea (3,4%) en Japan (1,4%).

Part II. Structuur

	de jaren 2010
landbouw	7,2%
industrie	30,5%
constructie	6,5%
handel	13,5%
vervoer	7,1%
diensten	35,2%

Hoofdstuk IV. Landbouw

Landbouw, jacht, bosbouw, vissen (ISIC A-B)

De sector van de landbouw in Azië steeg van US$178,2 miljard per jaar in de jaren 1970 tot US$1,9 biljoen per jaar in de jaren 2010, dat wil zeggen met US$1,7 biljoen of 10,8 keer. De verandering vond plaats op US$1,3 biljoen als gevolg van een 3,1-voudige stijging van de prijzen, en ook op US$282,5 miljard als gevolg van een 1,8-voudige toename van de productiviteit , evenals op US$160,1 miljard als gevolg van de toename van de bevolking. De gemiddelde jaarlijkse groei van de landbouw is 3,1%. De minimumwaarde van de landbouw bedroeg US$105,5 miljard in 1970. De maximumwaarde van de landbouw bedroeg US$2,2 biljoen in 2019.

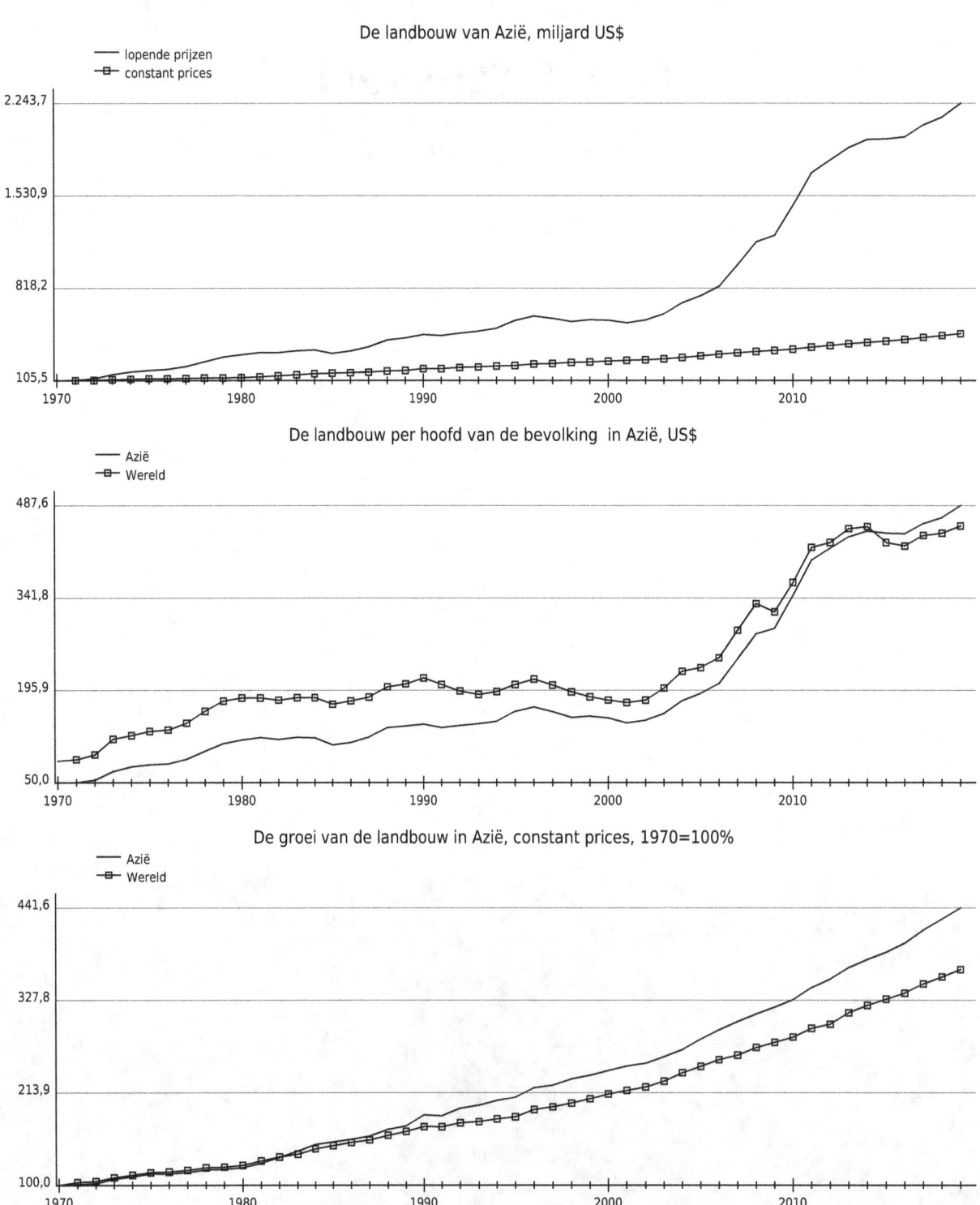

De landbouw van Azië, miljard US$

De landbouw per hoofd van de bevolking in Azië, US$

De groei van de landbouw in Azië, constant prices, 1970=100%

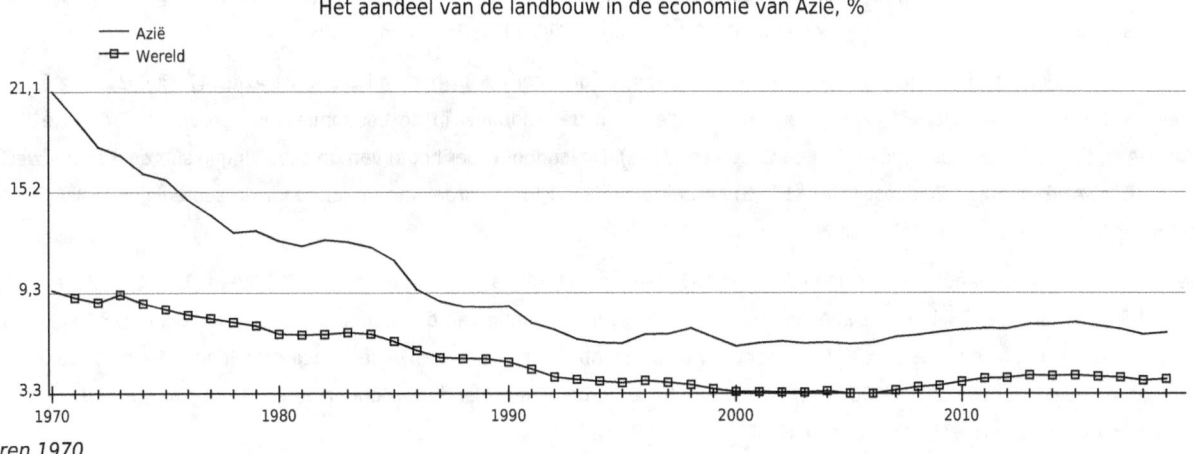

Het aandeel van de landbouw in de economie van Azië, %

— Azië
—□— Wereld

de jaren 1970

De waarde van de landbouw in Azië bedroeg in de jaren 1970 US$178,2 miljard per jaar. Het aandeel in de wereld was 34,6%.

Het aandeel van de landbouw in de economie van Azië was 15,1% in de jaren 1970, en was vergelijkbaar met Equatoriaal-Guinea (15,1%), de Dominicaanse Republiek (15,0%).

De landbouw per hoofd in Azië was $76,7 in de jaren 1970s, en was vergelijkbaar met Rwanda (US$76,2), Zuidoost-Azië (US$76,1), Oman (US$77,5). De waarde van de landbouw per hoofd in Azië was 39,9% lager dan de landbouw per hoofd van de bevolking in de wereld ($127,6).

De groei van de landbouw in Azië bedroeg 2% in de jaren 1970, en was vergelijkbaar met Panama (2,0%). De groei van de landbouw in Azië (2,0%) was minder dan de groei van de landbouw in de wereld (2,2%).

Vergelijking met regio's. De landbouw van Azië was groter dan in Amerika (US$88,5 miljard), in Afrika (US$46,1 miljard) en in Oceanië (US$8,1 miljard); maar minder dan in Europa (US$194,6 miljard). De sector van de landbouw per hoofd in Azië was minder dan in Oceanië (US$377,5), in Europa (US$268,3), in Amerika (US$158,1) en in Afrika (US$112,2). De groei van de landbouw in Azië was groter dan in Amerika (1,9%) en in Afrika (1,7%); maar minder dan in Europa (3,3%) en in Oceanië (2,4%).

Subregio's. De sector van de landbouw in Azië in de jaren 1970 bestond uit: Oost-Azië (47,9%), Zuid-Azië (28,8%), Zuidoost-Azië (13,5%) en Zuidwest-Azië (9,8%). Het aandeel van de landbouw in de economie van subregio's: Zuid-Azië (30,4%), Zuidoost-Azië (26,8%), Oost-Azië (11,2%) en Zuidwest-Azië (10,9%). De landbouw per hoofd van de bevolking in subregio's: Zuidwest-Azië ($207,7), Oost-Azië ($77,8), Zuidoost-Azië ($76,1) en Zuid-Azië ($62,2). De groei van de landbouw in subregio's: Zuidoost-Azië (4,0%), Zuidwest-Azië (2,3%), Oost-Azië (2,1%) en Zuid-Azië (0,78%).

Leiders. De toegevoegde waarde van de landbouw in Azië in de jaren 1970 bestond uit: China (27,8%), India (20,2%), Japan (14,5%), Turkije (7,6%), Indonesië (5,0%), en andere (24,9%). Het aandeel van de landbouw in economie van de leiders: India (39,7%), China (31,7%), Indonesië (28,5%), Turkije (25,9%) en Japan (4,7%). De sector van de landbouw per hoofd in Azië onder de leiders: Turkije ($349,0), Japan ($231,3), Indonesië ($69,2), India ($58,3) en China ($54,2). De groei van de landbouw onder de leiders: Indonesië (3,7%), China (2,4%), Turkije (1,7%), Japan (0,52%) en India (0,30%).

de jaren 1980

De sector van de landbouw in Azië bedroeg in de jaren 1980 US$348,3 miljard per jaar. Het aandeel in de wereld was 38,6%.

Het aandeel van de landbouw in de economie van Azië was 10,3% in de jaren 1980, en was vergelijkbaar met Cuba (10,3%).

De landbouw per hoofd in Azië was $122,8 in de jaren 1980s, en was vergelijkbaar met Pakistan (US$123,2), Centraal-Afrika (US$121,7), Haïti (US$121,7). De sector van de landbouw per hoofd in Azië was 34,2% lager dan de landbouw per hoofd van de bevolking in de wereld ($186,6).

De groei van de landbouw in Azië bedroeg 3.8% in de jaren 1980, en was vergelijkbaar met Jemen (3,7%), Mali (3,7%), Kenia (3,7%). De groei van de landbouw in Azië (3,8%) was groter dan de groei van de landbouw in de wereld (3,1%).

Vergelijking met regio's. De toegevoegde waarde van de landbouw in Azië was groter dan in Europa (US$296,5 miljard), in Amerika (US$157,4 miljard), in Afrika (US$86,2 miljard) en in Oceanië (US$13,5 miljard). De sector van de landbouw per hoofd in Azië was minder dan in Oceanië (US$545,9), in Europa (US$386,3), in Amerika (US$237,6) en in Afrika (US$159,2). De groei van de landbouw in Azië was groter dan in Afrika (2,8%), in Amerika (2,6%), in Europa (2,1%) en in Oceanië (2,0%).

Subregio's. De toegevoegde waarde van de landbouw in Azië in de jaren 1980 bestond uit: Oost-Azië (47,7%), Zuid-Azië (30,6%), Zuidoost-Azië (13,7%) en Zuidwest-Azië (7,9%). Het aandeel van de landbouw in de economie van subregio's: Zuid-Azië (27,8%), Zuidoost-Azië (19,2%), Zuidwest-Azië (7,3%) en Oost-Azië (7,0%). De landbouw per hoofd van de bevolking in subregio's: Zuidwest-Azië ($243,6), Oost-Azië ($130,1), Zuidoost-Azië ($120,5) en Zuid-Azië ($101,6). De groei van de landbouw in subregio's: Oost-Azië (4,0%), Zuid-Azië (3,9%), Zuidoost-Azië (3,6%) en Zuidwest-Azië (2,2%).

Leiders. De sector van de landbouw in Azië in de jaren 1980 bestond uit: China (27,2%), India (20,2%), Japan (14,3%), Indonesië (5,6%), Turkije (4,3%), en andere (28,4%). Het aandeel van de landbouw in economie van de leiders: India (33,2%), China (28,8%), Indonesië (19,9%), Turkije (16,1%) en Japan (2,8%). De sector van de landbouw per hoofd in Azië onder de leiders: Japan ($410,0), Turkije ($308,0), Indonesië ($118,7), India ($90,7) en China ($88,5). De groei van de landbouw onder de leiders: China (5,3%), India (4,4%), Indonesië (3,7%), Turkije (0,61%) en Japan (0,41%).

de jaren 1990

De sector van de landbouw in Azië bedroeg in de jaren 1990 US$525,3 miljard per jaar. Het aandeel in de wereld was 46,1%.

Het aandeel van de landbouw in de economie van Azië was 6,9% in de jaren 1990, en was vergelijkbaar met Polynesië (6,9%), Nieuw-Zeeland (6,9%), Zuid-Amerika (6,9%).

De toegevoegde waarde van de landbouw per hoofd in Azië was $151,6 in de jaren 1990s, en was vergelijkbaar met Egypte (US$151,0), Zuidoost-Azië (US$152,6), Peru (US$152,8). De waarde van de landbouw per hoofd in Azië was 24,1% lager dan de landbouw per hoofd van de bevolking in de wereld ($199,8).

De groei van de landbouw in Azië bedroeg 3.2% in de jaren 1990. De groei van de landbouw in Azië (3,2%) was groter dan de groei van de landbouw in de wereld (2,2%).

Vergelijking met regio's. De toegevoegde waarde van de landbouw in Azië was groter dan in Europa (US$277,7 miljard), in Amerika (US$222,9 miljard), in Afrika (US$95,3 miljard) en in Oceanië (US$17,6 miljard). De waarde van de landbouw per hoofd in Azië was groter dan in Afrika (US$134,5); maar minder dan in Oceanië (US$608,8), in Europa (US$382,2) en in Amerika (US$288,9). De groei van de landbouw in Azië was groter dan in Afrika (2,8%), in Amerika (2,4%) en in Europa (-1,6%); maar minder dan in Oceanië (3,7%).

Subregio's. De sector van de landbouw in Azië in de jaren 1990 bestond uit: Oost-Azië (48,2%), Zuid-Azië (25,9%), Zuidoost-Azië (14,0%), Zuidwest-Azië (9,4%) en Centraal-Azië (2,4%). Het aandeel van de landbouw in de economie van subregio's: Centraal-Azië (27,7%), Zuid-Azië (24,7%), Zuidoost-Azië (12,9%), Zuidwest-Azië (8,0%) en Oost-Azië (4,3%). De landbouw per hoofd van de bevolking in subregio's: Zuidwest-Azië ($301,5), Centraal-Azië ($241,3), Oost-Azië ($173,9), Zuidoost-Azië ($152,6) en Zuid-Azië ($104,1). De groei van de landbouw in subregio's: Oost-Azië (3,2%), Zuidwest-Azië (3,0%), Zuid-Azië (2,9%), Zuidoost-Azië (2,4%) en Centraal-Azië (-3,4%).

Leiders. De toegevoegde waarde van de landbouw in Azië in de jaren 1990 bestond uit: China (26,5%), India (17,4%), Japan (15,0%), Indonesië (5,2%), Turkije (5,0%), en andere (30,9%). Het aandeel van de landbouw in economie van de leiders: India (28,4%), China (19,4%), Indonesië (14,7%), Turkije (12,4%) en Japan (1,8%). De sector van de landbouw per hoofd in Azië onder de leiders: Japan ($625,5), Turkije ($453,8), Indonesië ($139,2), China ($112,7) en India ($95,6). De groei van de landbouw onder de leiders: China (4,3%), India (2,8%), Indonesië (2,4%), Turkije (1,5%) en Japan (-1,8%).

de jaren 2000

De landbouw van Azië bedroeg in de jaren 2000 US$800,3 miljard per jaar. Het aandeel in de wereld was 51,2%.

Het aandeel van de landbouw in de economie van Azië was 6,5% in de jaren 2000, en was vergelijkbaar met Nauru (6,5%).

De waarde van de landbouw per hoofd in Azië was $202,4 in de jaren 2000s, en was vergelijkbaar met Zuidoost-Azië (US$202,7), Mongolië (US$201,8), Peru (US$205,2). De landbouw per hoofd in Azië was 15,8% lager dan de landbouw per hoofd van de bevolking in de wereld ($240,3).

De groei van de landbouw in Azië bedroeg 3.1% in de jaren 2000, en was vergelijkbaar met Noord-Macedonië (3,1%), Noorwegen

(3,1%), Bolivia (3,1%). De groei van de landbouw in Azië (3,1%) was groter dan de groei van de landbouw in de wereld (3,0%).

Vergelijking met regio's. De waarde van de landbouw in Azië was groter dan in Amerika (US$287,7 miljard), in Europa (US$282,9 miljard), in Afrika (US$165,0 miljard) en in Oceanië (US$26,9 miljard). De landbouw per hoofd in Azië was groter dan in Afrika (US$182,0); maar minder dan in Oceanië (US$806,4), in Europa (US$387,0) en in Amerika (US$327,5). De groei van de landbouw in Azië was groter dan in Amerika (2,7%), in Oceanië (1,5%) en in Europa (1,2%); maar minder dan in Afrika (5,1%).

Subregio's. De landbouw van Azië in de jaren 2000 bestond uit: Oost-Azië (48,4%), Zuid-Azië (26,4%), Zuidoost-Azië (14,1%), Zuidwest-Azië (9,1%) en Centraal-Azië (1,9%). Het aandeel van de landbouw in de economie van subregio's: Zuid-Azië (17,4%), Centraal-Azië (15,6%), Zuidoost-Azië (11,2%), Zuidwest-Azië (5,2%) en Oost-Azië (4,5%). De landbouw per hoofd van de bevolking in subregio's: Zuidwest-Azië ($358,2), Centraal-Azië ($262,0), Oost-Azië ($248,4), Zuidoost-Azië ($202,7) en Zuid-Azië ($134,4). De groei van de landbouw in subregio's: Centraal-Azië (4,8%), Zuidoost-Azië (3,6%), Oost-Azië (3,4%), Zuid-Azië (2,3%) en Zuidwest-Azië (1,8%).

Leiders. De toegevoegde waarde van de landbouw in Azië in de jaren 2000 bestond uit: China (37,2%), India (18,4%), Japan (7,1%), Indonesië (5,5%), Turkije (4,9%), en andere (26,8%). Het aandeel van de landbouw in economie van de leiders: India (19,4%), Indonesië (13,4%), China (11,5%), Turkije (9,6%) en Japan (1,2%). De waarde van de landbouw per hoofd in Azië onder de leiders: Turkije ($579,8), Japan ($445,6), China ($224,5), Indonesië ($195,7) en India ($129,7). De groei van de landbouw onder de leiders: China (4,0%), Indonesië (3,4%), India (2,0%), Turkije (1,9%) en Japan (-1,3%).

de jaren 2010

De sector van de landbouw in Azië bedroeg in de jaren 2010 US$1,9 biljoen per jaar. Het aandeel in de wereld was 60,7%.

Het aandeel van de landbouw in de economie van Azië was 7,2% in de jaren 2010.

De sector van de landbouw per hoofd in Azië was $436,7 in de jaren 2010s, en was vergelijkbaar met Portugal (US$439,2), Slowakije (US$439,9), Peru (US$440,6). De toegevoegde waarde van de landbouw per hoofd in Azië was 1,1% hoger dan de landbouw per hoofd van de bevolking in de wereld ($432,1).

De groei van de landbouw in Azië bedroeg 3.3% in de jaren 2010, en was vergelijkbaar met Noord-Afrika (3,3%), Turkije (3,3%). De groei van de landbouw in Azië (3,3%) was groter dan de groei van de landbouw in de wereld (2,9%).

Vergelijking met regio's. De sector van de landbouw in Azië was 4,0 keer groter dan in Amerika (US$486,1 miljard), 5,3 keer groter dan in Europa (US$365,8 miljard), 5,6 keer groter dan in Afrika (US$343,8 miljard) en 39,5 keer groter dan in Oceanië (US$48,8 miljard). De waarde van de landbouw per hoofd in Azië was 48,4% groter dan in Afrika (US$294,3); maar 2,8 keer minder dan in Oceanië (US$1.242,3), 12,5% minder dan in Amerika (US$498,8) en 11,2% minder dan in Europa (US$491,7). De groei van de landbouw in Azië was groter dan in Amerika (2,2%), in Europa (0,73%) en in Oceanië (-0,30%); maar minder dan in Afrika (3,7%).

Subregio's. De toegevoegde waarde van de landbouw in Azië in de jaren 2010 bestond uit: Oost-Azië (51,4%), Zuid-Azië (26,5%), Zuidoost-Azië (14,5%), Zuidwest-Azië (5,9%) en Centraal-Azië (1,7%). Het aandeel van de landbouw in de economie van subregio's: Zuid-Azië (16,7%), Centraal-Azië (11,9%), Zuidoost-Azië (11,2%), Oost-Azië (5,5%) en Zuidwest-Azië (3,8%). De landbouw per hoofd van de bevolking in subregio's: Oost-Azië ($602,9), Centraal-Azië ($492,5), Zuidwest-Azië ($446,9), Zuidoost-Azië ($443,1) en Zuid-Azië ($280,8). De groei van de landbouw in subregio's: Centraal-Azië (4,2%), Zuid-Azië (3,8%), Oost-Azië (3,3%), Zuidoost-Azië (2,6%) en Zuidwest-Azië (2,2%).

Leiders. De sector van de landbouw in Azië in de jaren 2010 bestond uit: China (46,0%), India (18,9%), Indonesië (6,4%), Japan (3,1%), Turkije (3,1%), en andere (22,5%). Het aandeel van de landbouw in economie van de leiders: India (18,0%), Indonesië (13,7%), China (8,4%), Turkije (7,8%) en Japan (1,1%). De waarde van de landbouw per hoofd in Azië onder de leiders: Turkije ($757,6), China ($631,9), Indonesië ($483,6), Japan ($466,2) en India ($279,1). De groei van de landbouw onder de leiders: India (4,1%), Indonesië (3,9%), China (3,8%), Turkije (3,3%) en Japan (-1,9%).

Hoofdstuk V. Industrie

Mijnbouw, productie, nutsbedrijven (ISIC C-E)

De waarde van de industrie in Azië steeg van US$403,8 miljard per jaar in de jaren 1970 tot US$8,1 biljoen per jaar in de jaren 2010, dat wil zeggen met US$7,7 biljoen of 20,2 keer. De verandering vond plaats op US$5,2 biljoen als gevolg van een 2,8-voudige stijging van de prijzen, en ook op US$2,1 biljoen als gevolg van een 3,8-voudige toename van de productiviteit , evenals op US$363,0 miljard als gevolg van de toename van de bevolking. De gemiddelde jaarlijkse groei van de industrie is 5,2%. De minimumwaarde van de industrie bedroeg US$160,8 miljard in 1970. De maximumwaarde van de industrie bedroeg US$9,4 biljoen in 2019.

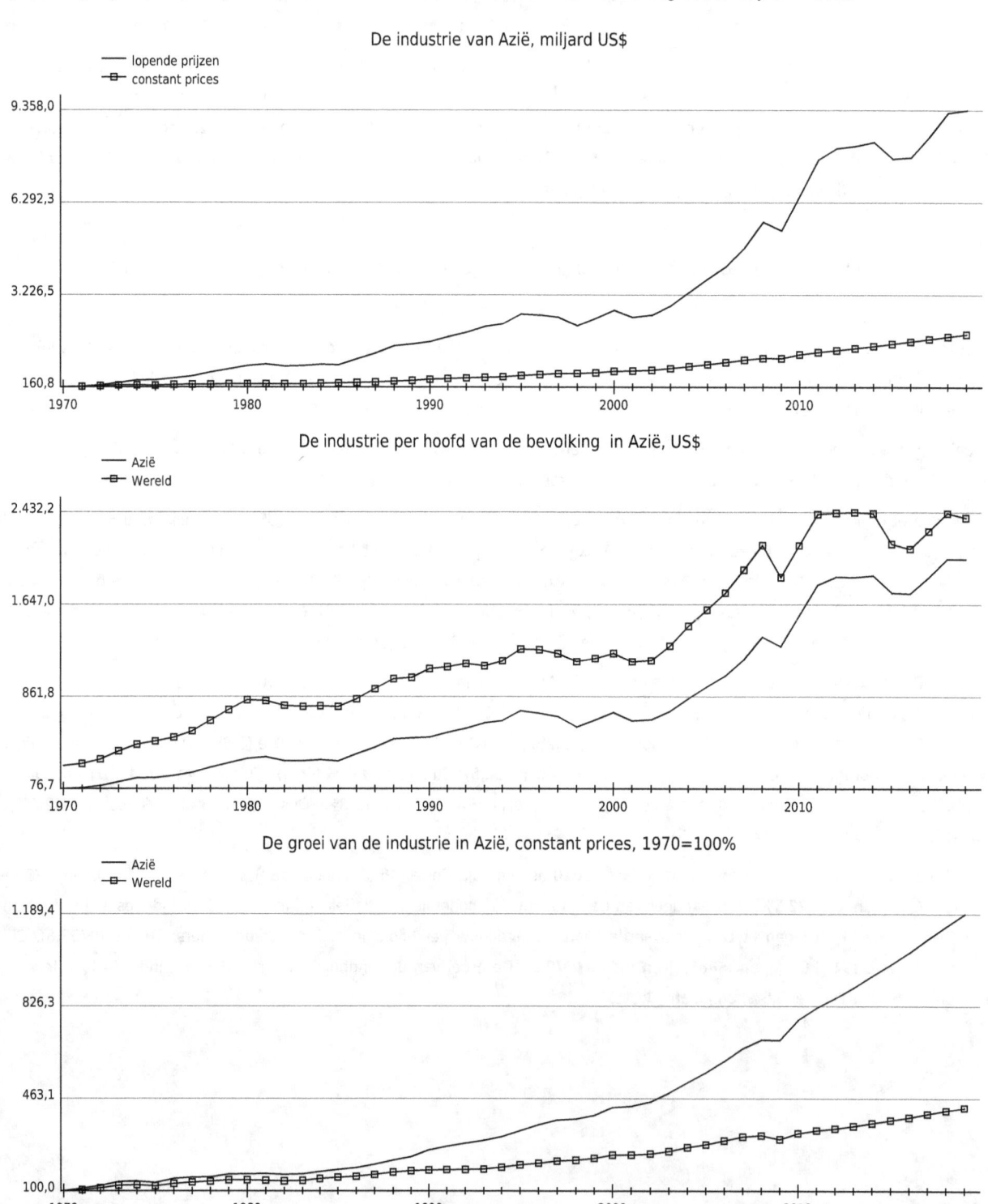

De industrie van Azië, miljard US$

De industrie per hoofd van de bevolking in Azië, US$

De groei van de industrie in Azië, constant prices, 1970=100%

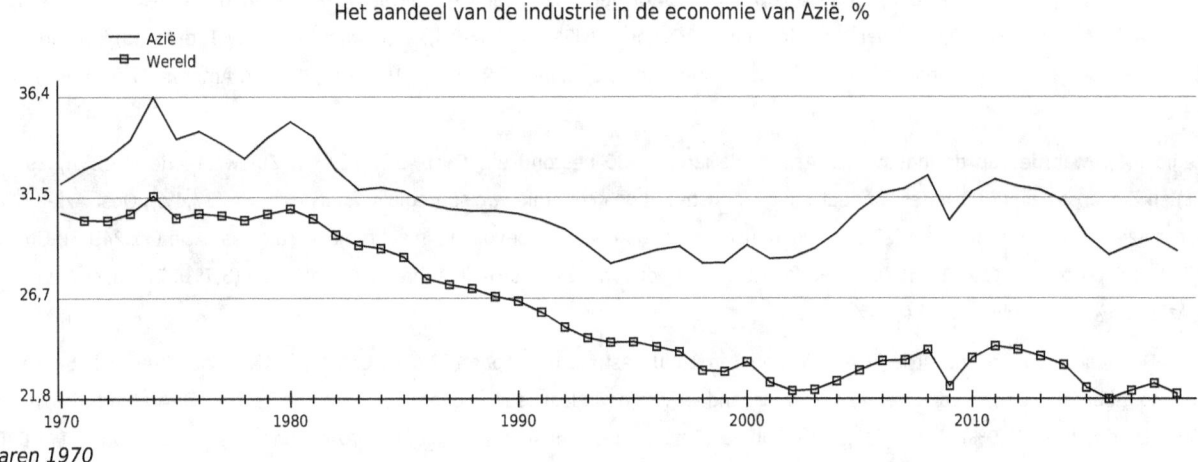

Het aandeel van de industrie in de economie van Azië, %

de jaren 1970

De sector van de industrie in Azië bedroeg in de jaren 1970 US$403,8 miljard per jaar. Het aandeel in de wereld was 20,8%.

Het aandeel van de industrie in de economie van Azië was 34,2% in de jaren 1970, en was vergelijkbaar met Luxemburg (34,3%), Japan (34,0%), Joegoslavië (34,5%).

De toegevoegde waarde van de industrie per hoofd in Azië was $173,9 in de jaren 1970s, en was vergelijkbaar met Zambia (US$174,6), Mauritanië (US$172,5). De waarde van de industrie per hoofd in Azië was in 2,8 keer lager dan de industrie per hoofd van de bevolking in de wereld ($480,5).

De groei van de industrie in Azië bedroeg 5.7% in de jaren 1970, en was vergelijkbaar met Mongolië (5,7%), Oost-Europa (5,8%), Colombia (5,8%). De groei van de industrie in Azië (5,7%) was groter dan de groei van de industrie in de wereld (4,0%).

Vergelijking met regio's. De waarde van de industrie in Azië was groter dan in Afrika (US$74,4 miljard) en in Oceanië (US$30,2 miljard); maar minder dan in Europa (US$820,9 miljard) en in Amerika (US$610,8 miljard). De industrie per hoofd in Azië was minder dan in Oceanië (US$1.413,2), in Europa (US$1.131,6), in Amerika (US$1.091,1) en in Afrika (US$181,2). De groei van de industrie in Azië was groter dan in Afrika (5,5%), in Europa (3,6%), in Amerika (3,2%) en in Oceanië (3,0%).

Subregio's. De toegevoegde waarde van de industrie in Azië in de jaren 1970 bestond uit: Oost-Azië (66,3%), Zuidwest-Azië (16,9%), Zuid-Azië (10,8%) en Zuidoost-Azië (6,0%). Het aandeel van de industrie in de economie van subregio's: Zuidwest-Azië (42,4%), Oost-Azië (35,2%), Zuidoost-Azië (27,2%) en Zuid-Azië (25,7%). De industrie per hoofd van de bevolking in subregio's: Zuidwest-Azië ($809,8), Oost-Azië ($244,2), Zuidoost-Azië ($77,2) en Zuid-Azië ($52,7). De groei van de industrie in subregio's: Zuidoost-Azië (8,7%), Zuidwest-Azië (8,0%), Oost-Azië (5,6%) en Zuid-Azië (-0,14%).

Leiders. De toegevoegde waarde van de industrie in Azië in de jaren 1970 bestond uit: Japan (46,0%), China (15,9%), Saoedi-Arabië (6,8%), Iran (5,1%), India (4,6%), en andere (21,7%). Het aandeel van de industrie in economie van de leiders: Saoedi-Arabië (60,0%), Iran (41,7%), China (41,1%), Japan (34,0%) en India (20,4%). De waarde van de industrie per hoofd in Azië onder de leiders: Saoedi-Arabië ($3.765,5), Japan ($1.666,5), Iran ($628,5), China ($70,3) en India ($29,9). De groei van de industrie onder de leiders: Saoedi-Arabië (10,6%), China (8,9%), India (4,6%), Japan (4,5%) en Iran (-2,7%).

de jaren 1980

De sector van de industrie in Azië bedroeg in de jaren 1980 US$1,1 biljoen per jaar, en was vergelijkbaar met Noord-Amerika (US$1,1 biljoen). Het aandeel in de wereld was 25,9%.

Het aandeel van de industrie in de economie van Azië was 31,9% in de jaren 1980, en was vergelijkbaar met Zuid-Korea (31,9%).

De toegevoegde waarde van de industrie per hoofd in Azië was $380,7 in de jaren 1980s, en was vergelijkbaar met Jamaica (US$387,8). De toegevoegde waarde van de industrie per hoofd in Azië was in 2,3 keer lager dan de industrie per hoofd van de bevolking in de wereld ($861,8).

De groei van de industrie in Azië bedroeg 3.5% in de jaren 1980, en was vergelijkbaar met Denemarken (3,5%), Puerto Rico (3,5%). De groei van de industrie in Azië (3,5%) was groter dan de groei van de industrie in de wereld (2,3%).

Vergelijking met regio's. De industrie van Azië was groter dan in Afrika (US$156,3 miljard) en in Oceanië (US$63,7 miljard); maar minder dan in Europa (US$1,5 biljoen) en in Amerika (US$1,4 biljoen). De toegevoegde waarde van de industrie per hoofd in Azië was groter dan in Afrika (US$288,5); maar minder dan in Oceanië (US$2,6 duizend), in Amerika (US$2,1 duizend) en in Europa (US$1.933,8). De groei van de industrie in Azië was groter dan in Oceanië (2,9%), in Europa (2,3%), in Amerika (1,9%) en in Afrika (-0,99%).

Subregio's. De waarde van de industrie in Azië in de jaren 1980 bestond uit: Oost-Azië (71,9%), Zuidwest-Azië (13,2%), Zuid-Azië (7,9%) en Zuidoost-Azië (7,0%). Het aandeel van de industrie in de economie van subregio's: Zuidwest-Azië (37,4%), Oost-Azië (32,8%), Zuidoost-Azië (30,4%) en Zuid-Azië (22,3%). De industrie per hoofd van de bevolking in subregio's: Zuidwest-Azië ($1.249,8), Oost-Azië ($607,7), Zuidoost-Azië ($191,1) en Zuid-Azië ($81,8). De groei van de industrie in subregio's: Oost-Azië (5,7%), Zuidoost-Azië (4,8%), Zuid-Azië (3,0%) en Zuidwest-Azië (-1,9%).

Leiders. De waarde van de industrie in Azië in de jaren 1980 bestond uit: Japan (52,4%), China (12,1%), Saoedi-Arabië (5,0%), India (4,7%), Zuid-Korea (3,2%), en andere (22,6%). Het aandeel van de industrie in economie van de leiders: Saoedi-Arabië (44,2%), China (39,5%), Zuid-Korea (31,9%), Japan (31,5%) en India (24,0%). De industrie per hoofd in Azië onder de leiders: Japan ($4.670,2), Saoedi-Arabië ($4.235,7), Zuid-Korea ($863,0), China ($121,4) en India ($65,7). De groei van de industrie onder de leiders: China (10,4%), Zuid-Korea (10,2%), India (7,4%), Japan (4,2%) en Saoedi-Arabië (-4,9%).

de jaren 1990

De toegevoegde waarde van de industrie in Azië bedroeg in de jaren 1990 US$2,2 biljoen per jaar. Het aandeel in de wereld was 33,1%.

Het aandeel van de industrie in de economie van Azië was 29,1% in de jaren 1990, en was vergelijkbaar met de Filipijnen (29,2%), Oost-Azië (29,0%), Noorwegen (29,3%).

De toegevoegde waarde van de industrie per hoofd in Azië was $639,7 in de jaren 1990s, en was vergelijkbaar met de Seychellen (US$637,3). De industrie per hoofd in Azië was 45,6% lager dan de industrie per hoofd van de bevolking in de wereld ($1.175,6).

De groei van de industrie in Azië bedroeg 5.5% in de jaren 1990, en was vergelijkbaar met Melanesië (5,4%), Oost-Azië (5,4%). De groei van de industrie in Azië (5,5%) was groter dan de groei van de industrie in de wereld (2,5%).

Vergelijking met regio's. De waarde van de industrie in Azië was groter dan in Europa (US$2,2 biljoen), in Amerika (US$2,1 biljoen), in Afrika (US$157,8 miljard) en in Oceanië (US$88,9 miljard). De sector van de industrie per hoofd in Azië was groter dan in Afrika (US$222,8); maar minder dan in Oceanië (US$3,1 duizend), in Europa (US$3,0 duizend) en in Amerika (US$2,7 duizend). De groei van de industrie in Azië was groter dan in Amerika (2,8%), in Oceanië (2,3%), in Afrika (1,3%) en in Europa (0,0047%).

Subregio's. De waarde van de industrie in Azië in de jaren 1990 bestond uit: Oost-Azië (76,2%), Zuidwest-Azië (9,4%), Zuidoost-Azië (7,9%), Zuid-Azië (6,0%) en Centraal-Azië (0,48%). Het aandeel van de industrie in de economie van subregio's: Zuidwest-Azië (33,3%), Zuidoost-Azië (30,9%), Oost-Azië (29,0%), Zuid-Azië (24,2%) en Centraal-Azië (23,0%). De industrie per hoofd van de bevolking in subregio's: Zuidwest-Azië ($1.262,7), Oost-Azië ($1.159,5), Zuidoost-Azië ($365,8), Centraal-Azië ($200,3) en Zuid-Azië ($101,9). De groei van de industrie in subregio's: Zuidoost-Azië (6,3%), Oost-Azië (5,4%), Zuid-Azië (5,0%), Zuidwest-Azië (4,6%) en Centraal-Azië (-3,5%).

Leiders. De waarde van de industrie in Azië in de jaren 1990 bestond uit: Japan (53,5%), China (12,9%), Zuid-Korea (5,6%), India (3,6%), Turkije (2,9%), en andere (21,6%). Het aandeel van de industrie in economie van de leiders: China (39,9%), Zuid-Korea (30,4%), Turkije (29,8%), Japan (27,5%) en India (24,5%). De toegevoegde waarde van de industrie per hoofd in Azië onder de leiders: Japan ($9.400,9), Zuid-Korea ($2.738,7), Turkije ($1.088,6), China ($231,9) en India ($82,6). De groei van de industrie onder de leiders: China (13,1%), Zuid-Korea (8,7%), India (5,8%), Turkije (4,2%) en Japan (1,3%).

de jaren 2000

De toegevoegde waarde van de industrie in Azië bedroeg in de jaren 2000 US$3,8 biljoen per jaar. Het aandeel in de wereld was 36,8%.

Het aandeel van de industrie in de economie van Azië was 30,6% in de jaren 2000, en was vergelijkbaar met Tsjechië (30,5%), Zuid-Korea (30,7%), Mongolië (30,8%).

De toegevoegde waarde van de industrie per hoofd in Azië was $951,8 in de jaren 2000s, en was vergelijkbaar met Wit-Rusland (US$942,2), Servië (US$968,0), Congo (US$930,5). De industrie per hoofd in Azië was 39,5% lager dan de industrie per hoofd van de bevolking in de wereld ($1.573,8).

De groei van de industrie in Azië bedroeg 5.7% in de jaren 2000, en was vergelijkbaar met Mongolië (5,7%), Pakistan (5,7%). De groei van de industrie in Azië (5,7%) was groter dan de groei van de industrie in de wereld (2,9%).

Vergelijking met regio's. De waarde van de industrie in Azië was groter dan in Amerika (US$3,1 biljoen), in Europa (US$2,9 biljoen), in Afrika (US$319,5 miljard) en in Oceanië (US$152,2 miljard). De sector van de industrie per hoofd in Azië was groter dan in Afrika (US$352,5); maar minder dan in Oceanië (US$4,6 duizend), in Europa (US$4,0 duizend) en in Amerika (US$3,5 duizend). De groei van de industrie in Azië was groter dan in Afrika (3,1%), in Oceanië (1,8%), in Amerika (1,4%) en in Europa (0,63%).

Subregio's. De toegevoegde waarde van de industrie in Azië in de jaren 2000 bestond uit: Oost-Azië (67,5%), Zuidwest-Azië (14,2%), Zuidoost-Azië (9,2%), Zuid-Azië (8,3%) en Centraal-Azië (0,75%). Het aandeel van de industrie in de economie van subregio's: Zuidwest-Azië (37,9%), Zuidoost-Azië (34,4%), Oost-Azië (29,7%), Centraal-Azië (28,8%) en Zuid-Azië (25,6%). De industrie per hoofd van de bevolking in subregio's: Zuidwest-Azië ($2.623,6), Oost-Azië ($1.629,7), Zuidoost-Azië ($622,3), Centraal-Azië ($482,9) en Zuid-Azië ($197,8). De groei van de industrie in subregio's: Centraal-Azië (7,7%), Oost-Azië (6,6%), Zuid-Azië (5,9%), Zuidoost-Azië (4,1%) en Zuidwest-Azië (2,8%).

Leiders. De industrie van Azië in de jaren 2000 bestond uit: Japan (30,1%), China (28,0%), Zuid-Korea (6,2%), India (4,8%), Saoedi-Arabië (4,5%), en andere (26,3%). Het aandeel van de industrie in economie van de leiders: Saoedi-Arabië (54,1%), China (40,7%), Zuid-Korea (30,7%), Japan (24,3%) en India (23,6%). De toegevoegde waarde van de industrie per hoofd in Azië onder de leiders: Japan ($8.848,8), Saoedi-Arabië ($7.187,0), Zuid-Korea ($4.818,5), China ($795,3) en India ($158,0). De groei van de industrie onder de leiders: China (11,1%), India (7,0%), Zuid-Korea (6,4%), Saoedi-Arabië (2,0%) en Japan (0,15%).

de jaren 2010

De sector van de industrie in Azië bedroeg in de jaren 2010 US$8,1 biljoen per jaar. Het aandeel in de wereld was 47,8%.

Het aandeel van de industrie in de economie van Azië was 30,5% in de jaren 2010, en was vergelijkbaar met San Marino (30,4%), Zuidoost-Azië (30,5%), Paraguay (30,4%).

De waarde van de industrie per hoofd in Azië was $1.847,0 in de jaren 2010s, en was vergelijkbaar met Botswana (US$1.834,9), Cyprus (US$1.866,3). De industrie per hoofd in Azië was 20,4% lager dan de industrie per hoofd van de bevolking in de wereld ($2.320,9).

De groei van de industrie in Azië bedroeg 5.6% in de jaren 2010, en was vergelijkbaar met Oeganda (5,5%), Micronesië (5,6%), Vietnam (5,6%). De groei van de industrie in Azië (5,6%) was groter dan de groei van de industrie in de wereld (3,5%).

Vergelijking met regio's. De sector van de industrie in Azië was 91,9% groter dan in Amerika (US$4,2 biljoen), 2,2 keer groter dan in Europa (US$3,8 biljoen), 14,3 keer groter dan in Afrika (US$571,4 miljard) en 29,1 keer groter dan in Oceanië (US$279,8 miljard). De waarde van de industrie per hoofd in Azië was 3,8 keer groter dan in Afrika (US$489,1); maar 3,9 keer minder dan in Oceanië (US$7,1 duizend), 2,8 keer minder dan in Europa (US$5,1 duizend) en 2,4 keer minder dan in Amerika (US$4,4 duizend). De groei van de industrie in Azië was groter dan in Oceanië (2,6%), in Europa (2,0%), in Amerika (1,8%) en in Afrika (0,035%).

Subregio's. De industrie van Azië in de jaren 2010 bestond uit: Oost-Azië (67,4%), Zuidwest-Azië (13,5%), Zuidoost-Azië (9,4%), Zuid-Azië (8,7%) en Centraal-Azië (1,1%). Het aandeel van de industrie in de economie van subregio's: Zuidwest-Azië (36,5%), Oost-Azië (30,7%), Centraal-Azië (30,6%), Zuidoost-Azië (30,5%) en Zuid-Azië (23,2%). De industrie per hoofd van de bevolking in subregio's: Zuidwest-Azië ($4.306,4), Oost-Azië ($3.346,9), Centraal-Azië ($1.266,1), Zuidoost-Azië ($1.212,9) en Zuid-Azië ($389,6). De groei van de industrie in subregio's: Oost-Azië (6,1%), Zuid-Azië (5,9%), Centraal-Azië (4,8%), Zuidoost-Azië (4,2%) en Zuidwest-Azië (3,4%).

Leiders. De waarde van de industrie in Azië in de jaren 2010 bestond uit: China (45,2%), Japan (14,6%), India (5,4%), Zuid-Korea (5,2%), Saoedi-Arabië (4,1%), en andere (25,4%). Het aandeel van de industrie in economie van de leiders: Saoedi-Arabië (48,0%), China (35,1%), Zuid-Korea (31,9%), Japan (22,9%) en India (21,9%). De sector van de industrie per hoofd in Azië onder de leiders: Saoedi-Arabië ($10.803,3), Japan ($9.305,3), Zuid-Korea ($8.355,6), China ($2.626,2) en India ($340,6). De groei van de industrie onder de leiders: China (7,5%), India (6,5%), Zuid-Korea (3,6%), Saoedi-Arabië (2,6%) en Japan (2,6%).

Hoofdstuk 5.1. Fabricage

(ISIC D)

De waarde van de fabricage in Azië steeg van US$243,5 miljard per jaar in de jaren 1970 tot US$6,2 biljoen per jaar in de jaren 2010, dat wil zeggen met US$5,9 biljoen of 25,4 keer. De verandering vond plaats op US$3,3 biljoen als gevolg van een 2,2-voudige stijging van de prijzen, en ook op US$2,4 biljoen als gevolg van een 6,2-voudige toename van de productiviteit , evenals op US$218,9 miljard als gevolg van de toename van de bevolking. De gemiddelde jaarlijkse groei van de fabricage is 6,2%. De minimumwaarde van de fabricage bedroeg US$105,6 miljard in 1970. De maximumwaarde van de fabricage bedroeg US$7,4 biljoen in 2019.

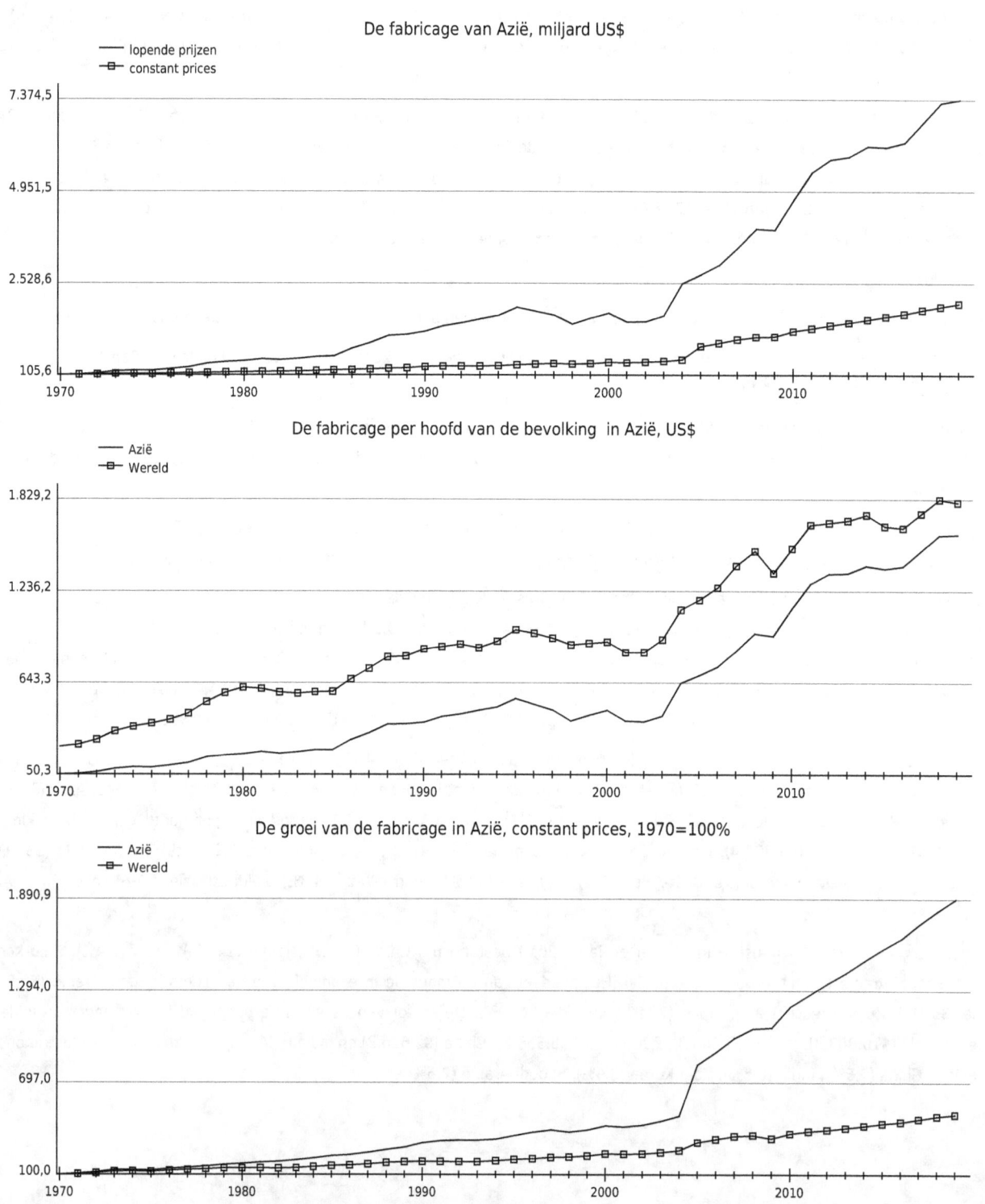

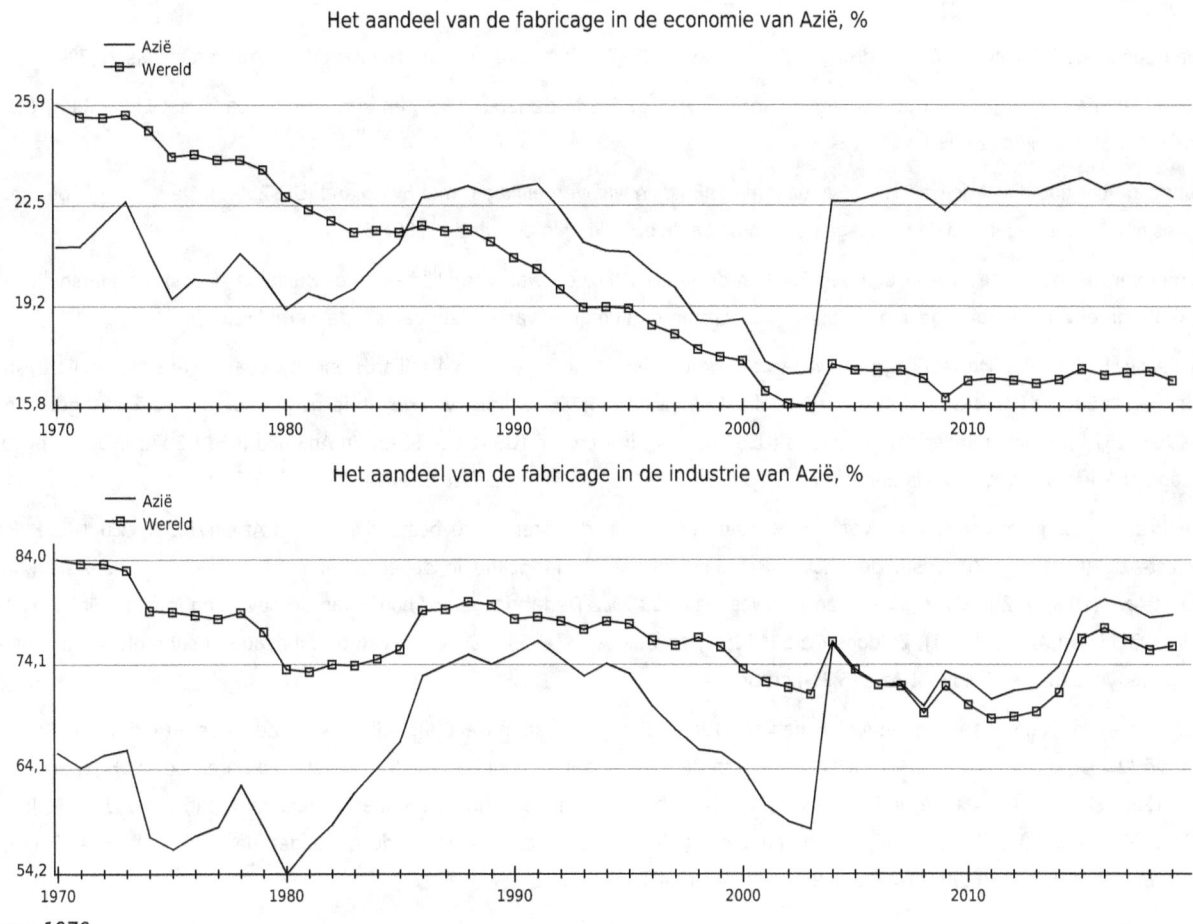

Het aandeel van de fabricage in de economie van Azië, %

Het aandeel van de fabricage in de industrie van Azië, %

de jaren 1970

De toegevoegde waarde van de fabricage in Azië bedroeg in de jaren 1970 US$243,5 miljard per jaar, en was vergelijkbaar met de Sovjet-Unie (US$248,8 miljard). Het aandeel in de wereld was 15,7%.

Het aandeel van de fabricage in de economie van Azië was 20,6% in de jaren 1970, en was vergelijkbaar met Australazië (20,7%), Israël (20,7%).

De fabricage per hoofd in Azië was $104,9 in de jaren 1970s. De toegevoegde waarde van de fabricage per hoofd in Azië was in 3,7 keer lager dan de fabricage per hoofd van de bevolking in de wereld ($383,2).

De groei van de fabricage in Azië bedroeg 5.6% in de jaren 1970, en was vergelijkbaar met Ierland (5,6%), Noord-Afrika (5,6%), Micronesië (5,6%). De groei van de fabricage in Azië (5,6%) was groter dan de groei van de fabricage in de wereld (3,8%).

Vergelijking met regio's. De fabricage van Azië was groter dan in Afrika (US$40,8 miljard) en in Oceanië (US$21,8 miljard); maar minder dan in Europa (US$739,4 miljard) en in Amerika (US$502,0 miljard). De fabricage per hoofd in Azië was groter dan in Afrika (US$99,3); maar minder dan in Oceanië (US$1.020,6), in Europa (US$1.019,3) en in Amerika (US$896,7). De groei van de fabricage in Azië was groter dan in Afrika (4,9%), in Amerika (3,6%), in Europa (3,5%) en in Oceanië (2,1%).

Subregio's. De fabricage van Azië in de jaren 1970 bestond uit: Oost-Azië (75,8%), Zuid-Azië (9,8%), Zuidwest-Azië (8,1%) en Zuidoost-Azië (6,3%). Het aandeel van de fabricage in de economie van subregio's: Oost-Azië (24,3%), Zuidoost-Azië (17,0%), Zuid-Azië (14,2%) en Zuidwest-Azië (12,2%). De fabricage per hoofd van de bevolking in subregio's: Zuidwest-Azië ($233,3), Oost-Azië ($168,5), Zuidoost-Azië ($48,3) en Zuid-Azië ($29,0). De groei van de fabricage in subregio's: Zuidoost-Azië (9,5%), Zuidwest-Azië (5,9%), Oost-Azië (5,2%) en Zuid-Azië (4,8%).

Leiders. De sector van de fabricage in Azië in de jaren 1970 bestond uit: Japan (69,5%), India (6,4%), Turkije (4,8%), Zuid-Korea (2,3%), Filipijnen (1,9%), en andere (15,0%). Het aandeel van de fabricage in economie van de leiders: Japan (31,0%), Filipijnen (27,7%), Zuid-Korea (23,1%), Turkije (22,5%) en India (17,3%). De toegevoegde waarde van de fabricage per hoofd in Azië onder de leiders: Japan ($1.520,6), Turkije ($302,4), Zuid-Korea ($162,1), Filipijnen ($110,4) en India ($25,3). De groei van de fabricage onder de leiders: Zuid-Korea (18,2%), Turkije (6,7%), Filipijnen (6,3%), Japan (4,5%) en India (4,5%).

de jaren 1980

De waarde van de fabricage in Azië bedroeg in de jaren 1980 US$727,9 miljard per jaar. Het aandeel in de wereld was 22,8%.

Het aandeel van de fabricage in de economie van Azië was 21,5% in de jaren 1980, en was vergelijkbaar met Luxemburg (21,6%), Ghana (21,4%), Marokko (21,4%).

De fabricage per hoofd in Azië was $256,6 in de jaren 1980s, en was vergelijkbaar met Swaziland (US$259,1). De fabricage per hoofd in Azië was in 2,6 keer lager dan de fabricage per hoofd van de bevolking in de wereld ($661,2).

De groei van de fabricage in Azië bedroeg 5.4% in de jaren 1980, en was vergelijkbaar met Bulgarije (5,3%), de Marshalleilanden (5,4%). De groei van de fabricage in Azië (5,4%) was groter dan de groei van de fabricage in de wereld (2,6%).

Vergelijking met regio's. De fabricage van Azië was groter dan in Afrika (US$85,4 miljard) en in Oceanië (US$41,1 miljard); maar minder dan in Europa (US$1,3 biljoen) en in Amerika (US$1,1 biljoen). De waarde van de fabricage per hoofd in Azië was groter dan in Afrika (US$157,6); maar minder dan in Europa (US$1.672,2), in Oceanië (US$1.656,8) en in Amerika (US$1.597,5). De groei van de fabricage in Azië was groter dan in Europa (2,1%), in Afrika (2,0%), in Amerika (1,8%) en in Oceanië (1,5%).

Subregio's. De toegevoegde waarde van de fabricage in Azië in de jaren 1980 bestond uit: Oost-Azië (78,3%), Zuid-Azië (8,0%), Zuidwest-Azië (6,9%) en Zuidoost-Azië (6,8%). Het aandeel van de fabricage in de economie van subregio's: Oost-Azië (24,1%), Zuidoost-Azië (19,9%), Zuid-Azië (15,2%) en Zuidwest-Azië (13,2%). De fabricage per hoofd van de bevolking in subregio's: Oost-Azië ($446,1), Zuidwest-Azië ($440,1), Zuidoost-Azië ($125,1) en Zuid-Azië ($55,6). De groei van de fabricage in subregio's: Zuidoost-Azië (7,3%), Zuid-Azië (6,1%), Zuidwest-Azië (5,2%) en Oost-Azië (5,0%).

Leiders. De sector van de fabricage in Azië in de jaren 1980 bestond uit: Japan (68,8%), India (5,4%), Zuid-Korea (4,2%), Turkije (3,4%), Indonesië (2,1%), en andere (16,1%). Het aandeel van de fabricage in economie van de leiders: Zuid-Korea (28,0%), Japan (27,8%), Turkije (26,4%), India (18,4%) en Indonesië (15,8%). De fabricage per hoofd in Azië onder de leiders: Japan ($4.131,0), Zuid-Korea ($757,3), Turkije ($504,4), Indonesië ($93,9) en India ($50,4). De groei van de fabricage onder de leiders: Indonesië (13,2%), Zuid-Korea (10,9%), India (6,9%), Turkije (5,9%) en Japan (4,4%).

de jaren 1990

De toegevoegde waarde van de fabricage in Azië bedroeg in de jaren 1990 US$1,6 biljoen per jaar. Het aandeel in de wereld was 30,5%.

Het aandeel van de fabricage in de economie van Azië was 20,8% in de jaren 1990, en was vergelijkbaar met Marokko (20,8%), El Salvador (20,7%), Malta (20,8%).

De sector van de fabricage per hoofd in Azië was $456,2 in de jaren 1990s, en was vergelijkbaar met de Kaaimaneilanden (US$459,3). De fabricage per hoofd in Azië was 49,8% lager dan de fabricage per hoofd van de bevolking in de wereld ($908,4).

De groei van de fabricage in Azië bedroeg 3.5% in de jaren 1990, en was vergelijkbaar met Marokko (3,4%), Honduras (3,5%). De groei van de fabricage in Azië (3,5%) was groter dan de groei van de fabricage in de wereld (2,0%).

Vergelijking met regio's. De toegevoegde waarde van de fabricage in Azië was groter dan in Afrika (US$88,4 miljard) en in Oceanië (US$57,4 miljard); maar minder dan in Europa (US$1,8 biljoen) en in Amerika (US$1,7 biljoen). De toegevoegde waarde van de fabricage per hoofd in Azië was groter dan in Afrika (US$124,8); maar minder dan in Europa (US$2,4 duizend), in Amerika (US$2,2 duizend) en in Oceanië (US$1.986,6). De groei van de fabricage in Azië was groter dan in Amerika (3,0%), in Oceanië (1,3%), in Afrika (0,55%) en in Europa (0,24%).

Subregio's. De toegevoegde waarde van de fabricage in Azië in de jaren 1990 bestond uit: Oost-Azië (78,4%), Zuidoost-Azië (8,8%), Zuidwest-Azië (6,5%), Zuid-Azië (5,9%) en Centraal-Azië (0,43%). Het aandeel van de fabricage in de economie van subregio's: Zuidoost-Azië (24,3%), Oost-Azië (21,3%), Zuid-Azië (16,8%), Zuidwest-Azië (16,4%) en Centraal-Azië (14,7%). De fabricage per hoofd van de bevolking in subregio's: Oost-Azië ($851,3), Zuidwest-Azië ($623,3), Zuidoost-Azië ($288,6), Centraal-Azië ($128,0) en Zuid-Azië ($70,8). De groei van de fabricage in subregio's: Zuidoost-Azië (6,8%), Zuid-Azië (5,9%), Zuidwest-Azië (4,4%), Oost-Azië (2,1%) en Centraal-Azië (-4,0%).

Leiders. De fabricage van Azië in de jaren 1990 bestond uit: Japan (66,3%), Zuid-Korea (7,1%), India (3,8%), Turkije (3,6%), Indonesië (2,8%), en andere (16,5%). Het aandeel van de fabricage in economie van de leiders: Zuid-Korea (27,6%), Turkije (26,6%), Japan

(24,3%), Indonesië (23,9%) en India (18,5%). De sector van de fabricage per hoofd in Azië onder de leiders: Japan ($8.305,2), Zuid-Korea ($2.483,1), Turkije ($970,4), Indonesië ($227,2) en India ($62,4). De groei van de fabricage onder de leiders: Zuid-Korea (9,0%), Indonesië (7,4%), India (5,8%), Turkije (4,5%) en Japan (1,1%).

de jaren 2000

De fabricage van Azië bedroeg in de jaren 2000 US$2,6 biljoen per jaar. Het aandeel in de wereld was 35,2%.

Het aandeel van de fabricage in de economie van Azië was 21,2% in de jaren 2000, en was vergelijkbaar met Ghana (21,2%), Sri Lanka (21,2%), Jordanië (21,1%).

De waarde van de fabricage per hoofd in Azië was $659,1 in de jaren 2000s, en was vergelijkbaar met de Dominicaanse Republiek (US$662,6), Zuidelijk Afrika (US$668,5). De sector van de fabricage per hoofd in Azië was 42,1% lager dan de fabricage per hoofd van de bevolking in de wereld ($1.138,1).

De groei van de fabricage in Azië bedroeg 10.5% in de jaren 2000, en was vergelijkbaar met Mali (10,6%). De groei van de fabricage in Azië (10,5%) was groter dan de groei van de fabricage in de wereld (4,2%).

Vergelijking met regio's. De waarde van de fabricage in Azië was groter dan in Europa (US$2,3 biljoen), in Amerika (US$2,3 biljoen), in Afrika (US$131,3 miljard) en in Oceanië (US$82,6 miljard). De toegevoegde waarde van de fabricage per hoofd in Azië was groter dan in Afrika (US$144,8); maar minder dan in Europa (US$3,2 duizend), in Amerika (US$2,6 duizend) en in Oceanië (US$2,5 duizend). De groei van de fabricage in Azië was groter dan in Afrika (3,5%), in Amerika (1,4%), in Oceanië (0,79%) en in Europa (0,69%).

Subregio's. De fabricage van Azië in de jaren 2000 bestond uit: Oost-Azië (75,2%), Zuidoost-Azië (9,8%), Zuid-Azië (7,8%), Zuidwest-Azië (6,7%) en Centraal-Azië (0,59%). Het aandeel van de fabricage in de economie van subregio's: Zuidoost-Azië (25,3%), Oost-Azië (22,9%), Zuid-Azië (16,6%), Centraal-Azië (15,7%) en Zuidwest-Azië (12,4%). De fabricage per hoofd van de bevolking in subregio's: Oost-Azië ($1.255,9), Zuidwest-Azië ($857,6), Zuidoost-Azië ($457,3), Centraal-Azië ($262,8) en Zuid-Azië ($128,3). De groei van de fabricage in subregio's: Oost-Azië (12,8%), Zuid-Azië (7,7%), Centraal-Azië (7,0%), Zuidoost-Azië (4,8%) en Zuidwest-Azië (4,2%).

Leiders. De sector van de fabricage in Azië in de jaren 2000 bestond uit: China (41,5%), Japan (38,1%), Zuid-Korea (8,2%), India (5,3%), Indonesië (3,2%), en andere (3,8%). Het aandeel van de fabricage in economie van de leiders: China (41,7%), Zuid-Korea (28,1%), Indonesië (25,0%), Japan (21,3%) en India (18,0%). De fabricage per hoofd in Azië onder de leiders: Japan ($7.746,3), Zuid-Korea ($4.405,3), China ($815,3), Indonesië ($365,7) en India ($120,2). De groei van de fabricage onder de leiders: India (8,0%), Zuid-Korea (6,5%), Indonesië (4,6%) en Japan (0,32%).

de jaren 2010

De waarde van de fabricage in Azië bedroeg in de jaren 2010 US$6,2 biljoen per jaar. Het aandeel in de wereld was 49,6%.

Het aandeel van de fabricage in de economie van Azië was 23,1% in de jaren 2010, en was vergelijkbaar met Roemenië (22,9%).

De fabricage per hoofd in Azië was $1.401,2 in de jaren 2010s, en was vergelijkbaar met Venezuela (US$1.399,4), Zuidwest-Azië (US$1.414,1). De toegevoegde waarde van de fabricage per hoofd in Azië was 17,4% lager dan de fabricage per hoofd van de bevolking in de wereld ($1.697,4).

De groei van de fabricage in Azië bedroeg 6% in de jaren 2010. De groei van de fabricage in Azië (6,0%) was groter dan de groei van de fabricage in de wereld (3,9%).

Vergelijking met regio's. De waarde van de fabricage in Azië was 2,0 keer groter dan in Amerika (US$3,0 biljoen), 2,1 keer groter dan in Europa (US$2,9 biljoen), 25,6 keer groter dan in Afrika (US$241,0 miljard) en 55,3 keer groter dan in Oceanië (US$111,8 miljard). De fabricage per hoofd in Azië was 6,8 keer groter dan in Afrika (US$206,2); maar 2,8 keer minder dan in Europa (US$3,9 duizend), 2,2 keer minder dan in Amerika (US$3,1 duizend) en 2,0 keer minder dan in Oceanië (US$2,8 duizend). De groei van de fabricage in Azië was groter dan in Afrika (3,6%), in Europa (2,5%), in Amerika (1,6%) en in Oceanië (-0,27%).

Subregio's. De waarde van de fabricage in Azië in de jaren 2010 bestond uit: Oost-Azië (76,7%), Zuidoost-Azië (8,9%), Zuid-Azië (7,8%), Zuidwest-Azië (5,8%) en Centraal-Azië (0,80%). Het aandeel van de fabricage in de economie van subregio's: Oost-Azië (26,5%), Zuidoost-Azië (21,9%), Centraal-Azië (17,5%), Zuid-Azië (15,8%) en Zuidwest-Azië (12,0%). De fabricage per hoofd van de bevolking in subregio's: Oost-Azië ($2.889,0), Zuidwest-Azië ($1.414,1), Zuidoost-Azië ($868,4), Centraal-Azië ($723,2) en Zuid-Azië ($265,9). De groei van de fabricage in subregio's: Zuid-Azië (6,4%), Centraal-Azië (6,3%), Oost-Azië (6,2%), Zuidoost-Azië (4,9%) en Zuidwest-Azië (4,4%).

Leiders. De toegevoegde waarde van de fabricage in Azië in de jaren 2010 bestond uit: China (50,4%), Japan (17,2%), Zuid-Korea (6,3%), India (5,5%), Indonesië (3,1%), en andere (17,5%). Het aandeel van de fabricage in economie van de leiders: China (29,7%), Zuid-Korea (29,4%), Indonesië (21,5%), Japan (20,4%) en India (16,8%). De sector van de fabricage per hoofd in Azië onder de leiders: Japan ($8.286,2), Zuid-Korea ($7.723,3), China ($2.221,3), Indonesië ($756,8) en India ($260,3). De groei van de fabricage onder de leiders: China (7,5%), India (7,0%), Indonesië (4,6%), Zuid-Korea (3,8%) en Japan (3,0%).

Hoofdstuk VI. Constructie

(ISIC F)

De toegevoegde waarde van de constructie in Azië steeg van US$79,9 miljard per jaar in de jaren 1970 tot US$1,7 biljoen per jaar in de jaren 2010, dat wil zeggen met US$1,7 biljoen of 21,7 keer. De verandering vond plaats op US$1,4 biljoen als gevolg van een 5,0-voudige stijging van de prijzen, en ook op US$193,8 miljard als gevolg van een 2,3-voudige toename van de productiviteit , evenals op US$71,8 miljard als gevolg van de toename van de bevolking. De gemiddelde jaarlijkse groei van de constructie is 4,0%. De minimumwaarde van de constructie bedroeg US$27,7 miljard in 1970. De maximumwaarde van de constructie bedroeg US$2,2 biljoen in 2019.

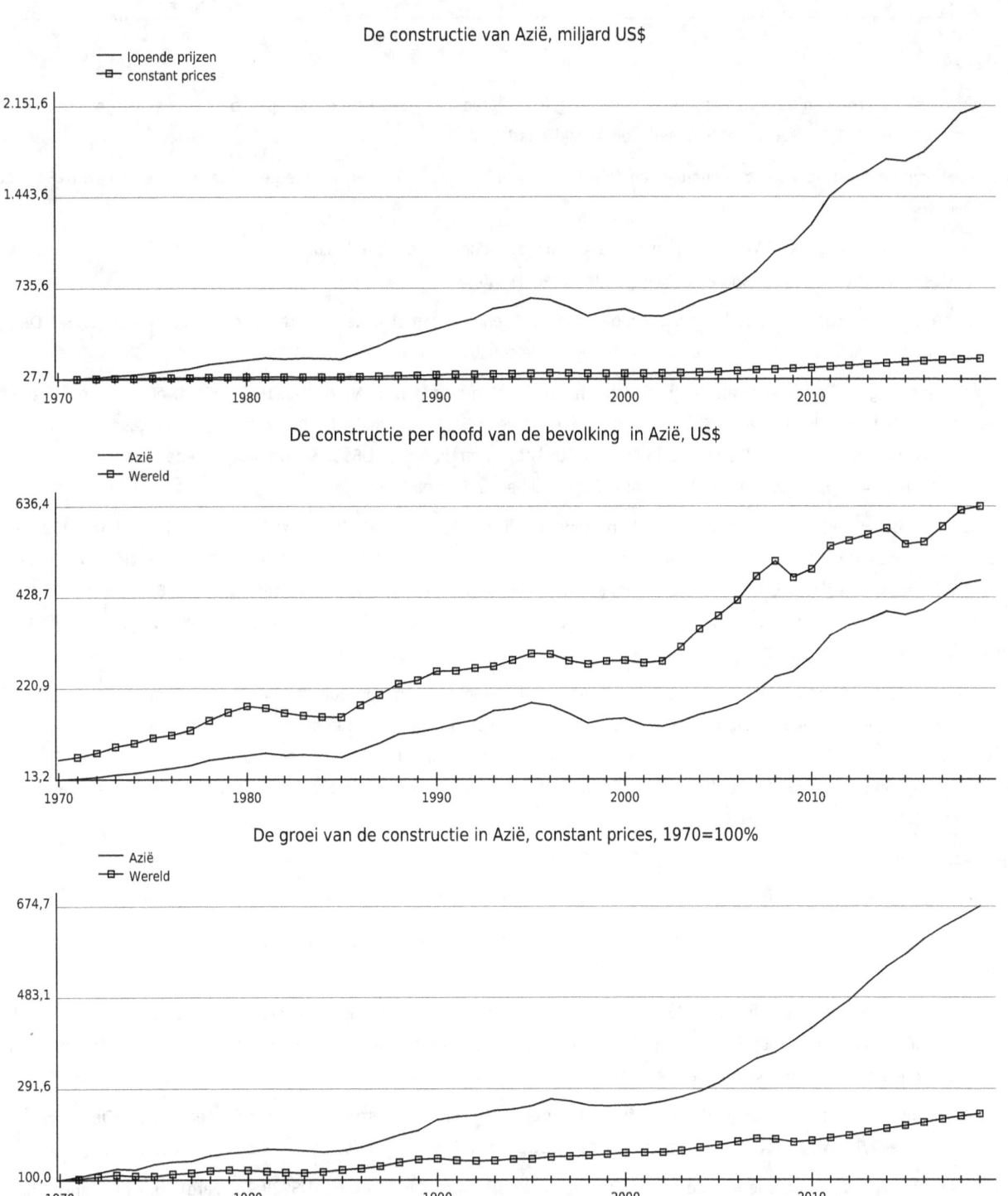

De constructie van Azië, miljard US$

De constructie per hoofd van de bevolking in Azië, US$

De groei van de constructie in Azië, constant prices, 1970=100%

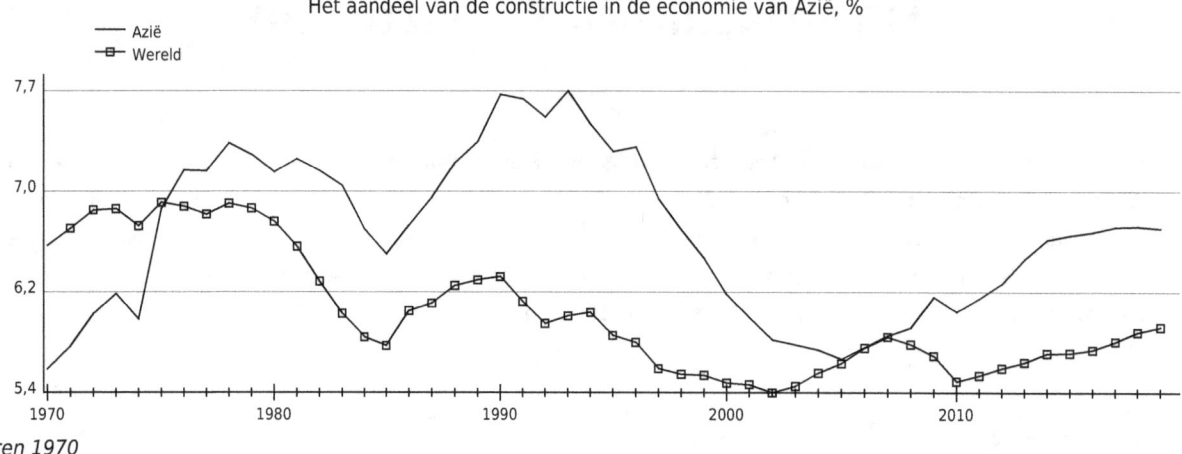

Het aandeel van de constructie in de economie van Azië, %

de jaren 1970

De toegevoegde waarde van de constructie in Azië bedroeg in de jaren 1970 US$79,9 miljard per jaar, en was vergelijkbaar met de Verenigde Staten (US$81,1 miljard). Het aandeel in de wereld was 18,7%.

Het aandeel van de constructie in de economie van Azië was 6,8% in de jaren 1970, en was vergelijkbaar met de Wereld (6,8%), Cuba (6,8%), Nieuw-Zeeland (6,8%).

De bouw per hoofd in Azië was $34,4 in de jaren 1970s. De toegevoegde waarde van de constructie per hoofd in Azië was in 3,1 keer lager dan de constructie per hoofd van de bevolking in de wereld ($106,1).

De groei van de constructie in Azië bedroeg 5.1% in de jaren 1970, en was vergelijkbaar met Thailand (5,1%), Bhutan (5,1%). De groei van de constructie in Azië (5,1%) was groter dan de groei van de constructie in de wereld (2,1%).

Vergelijking met regio's. De sector van de constructie in Azië was groter dan in Afrika (US$16,4 miljard) en in Oceanië (US$8,9 miljard); maar minder dan in Europa (US$201,6 miljard) en in Amerika (US$121,8 miljard). De bouw per hoofd in Azië was minder dan in Oceanië (US$415,3), in Europa (US$277,9), in Amerika (US$217,5) en in Afrika (US$39,9). De groei van de constructie in Azië was groter dan in Afrika (4,5%), in Oceanië (1,7%), in Amerika (1,5%) en in Europa (1,3%).

Subregio's. De bouw van Azië in de jaren 1970 bestond uit: Oost-Azië (66,7%), Zuidwest-Azië (15,5%), Zuid-Azië (12,4%) en Zuidoost-Azië (5,4%). Het aandeel van de constructie in de economie van subregio's: Zuidwest-Azië (7,7%), Oost-Azië (7,0%), Zuid-Azië (5,9%) en Zuidoost-Azië (4,8%). De bouw per hoofd van de bevolking in subregio's: Zuidwest-Azië ($146,6), Oost-Azië ($48,6), Zuidoost-Azië ($13,7) en Zuid-Azië ($12,0). De groei van de constructie in subregio's: Zuidoost-Azië (11,5%), Zuidwest-Azië (10,4%), Zuid-Azië (5,7%) en Oost-Azië (4,0%).

Leiders. De toegevoegde waarde van de constructie in Azië in de jaren 1970 bestond uit: Japan (54,5%), China (7,6%), Iran (5,7%), India (5,4%), Saoedi-Arabië (4,5%), en andere (22,4%). Het aandeel van de constructie in economie van de leiders: Iran (9,3%), Japan (8,0%), Saoedi-Arabië (7,8%), India (4,7%) en China (3,9%). De bouw per hoofd in Azië onder de leiders: Saoedi-Arabië ($489,5), Japan ($390,8), Iran ($139,9), India ($7,0) en China ($6,7). De groei van de constructie onder de leiders: Saoedi-Arabië (21,3%), Iran (11,1%), China (4,4%), Japan (3,4%) en India (2,0%).

de jaren 1980

De waarde van de constructie in Azië bedroeg in de jaren 1980 US$236,3 miljard per jaar. Het aandeel in de wereld was 26,3%.

Het aandeel van de constructie in de economie van Azië was 7,0% in de jaren 1980, en was vergelijkbaar met de Comoren (7,0%), Europa (7,0%), Australazië (7,0%).

De sector van de constructie per hoofd in Azië was $83,3 in de jaren 1980s, en was vergelijkbaar met Zuidelijk Afrika (US$83,5), Paraguay (US$84,0), Tuvalu (US$84,3). De toegevoegde waarde van de constructie per hoofd in Azië was in 2,2 keer lager dan de constructie per hoofd van de bevolking in de wereld ($186,2).

De groei van de constructie in Azië bedroeg 2.7% in de jaren 1980, en was vergelijkbaar met Guinee (2,7%). De groei van de constructie in Azië (2,7%) was groter dan de groei van de constructie in de wereld (1,7%).

Vergelijking met regio's. De waarde van de constructie in Azië was groter dan in Afrika (US$28,9 miljard) en in Oceanië (US$16,8 miljard); maar minder dan in Europa (US$355,2 miljard) en in Amerika (US$262,8 miljard). De toegevoegde waarde van de constructie per hoofd in Azië was groter dan in Afrika (US$53,3); maar minder dan in Oceanië (US$677,4), in Europa (US$462,7) en in Amerika (US$396,8). De groei van de constructie in Azië was groter dan in Europa (1,9%), in Amerika (0,83%) en in Afrika (0,41%); maar minder dan in Oceanië (2,8%).

Subregio's. De toegevoegde waarde van de constructie in Azië in de jaren 1980 bestond uit: Oost-Azië (71,2%), Zuidwest-Azië (12,8%), Zuid-Azië (10,6%) en Zuidoost-Azië (5,5%). Het aandeel van de constructie in de economie van subregio's: Zuidwest-Azië (8,0%), Oost-Azië (7,1%), Zuid-Azië (6,5%) en Zuidoost-Azië (5,2%). De bouw per hoofd van de bevolking in subregio's: Zuidwest-Azië ($265,8), Oost-Azië ($131,6), Zuidoost-Azië ($32,8) en Zuid-Azië ($23,8). De groei van de constructie in subregio's: Zuidoost-Azië (3,8%), Oost-Azië (3,3%), Zuid-Azië (1,0%) en Zuidwest-Azië (-0,79%).

Leiders. De sector van de constructie in Azië in de jaren 1980 bestond uit: Japan (58,7%), China (6,6%), India (5,0%), Iran (4,4%), Saoedi-Arabië (4,4%), en andere (20,9%). Het aandeel van de constructie in economie van de leiders: Iran (9,9%), Saoedi-Arabië (8,6%), Japan (7,7%), India (5,5%) en China (4,7%). De toegevoegde waarde van de constructie per hoofd in Azië onder de leiders: Japan ($1.143,9), Saoedi-Arabië ($821,3), Iran ($225,2), India ($15,1) en China ($14,4). De groei van de constructie onder de leiders: China (11,2%), India (5,0%), Japan (2,1%), Saoedi-Arabië (-4,5%) en Iran (-5,6%).

de jaren 1990

De sector van de constructie in Azië bedroeg in de jaren 1990 US$550,2 miljard per jaar, en was vergelijkbaar met Europa (US$552,8 miljard). Het aandeel in de wereld was 34,6%.

Het aandeel van de constructie in de economie van Azië was 7,2% in de jaren 1990, en was vergelijkbaar met Bosnië en Herzegovina (7,2%).

De sector van de constructie per hoofd in Azië was $158,8 in de jaren 1990s, en was vergelijkbaar met Algerije (US$160,9). De waarde van de constructie per hoofd in Azië was 43,0% lager dan de constructie per hoofd van de bevolking in de wereld ($278,6).

De groei van de constructie in Azië bedroeg 2.3% in de jaren 1990. De groei van de constructie in Azië (2,3%) was groter dan de groei van de constructie in de wereld (0,71%).

Vergelijking met regio's. De waarde van de constructie in Azië was groter dan in Amerika (US$435,1 miljard), in Oceanië (US$25,5 miljard) en in Afrika (US$24,5 miljard); maar minder dan in Europa (US$552,8 miljard). De sector van de constructie per hoofd in Azië was groter dan in Afrika (US$34,6); maar minder dan in Oceanië (US$881,0), in Europa (US$760,7) en in Amerika (US$564,1). De groei van de constructie in Azië was groter dan in Amerika (1,8%) en in Europa (-1,7%); maar minder dan in Oceanië (3,0%) en in Afrika (2,8%).

Subregio's. De toegevoegde waarde van de constructie in Azië in de jaren 1990 bestond uit: Oost-Azië (79,9%), Zuidwest-Azië (7,8%), Zuidoost-Azië (6,0%), Zuid-Azië (5,7%) en Centraal-Azië (0,59%). Het aandeel van de constructie in de economie van subregio's: Oost-Azië (7,5%), Centraal-Azië (7,1%), Zuidwest-Azië (6,9%), Zuidoost-Azië (5,8%) en Zuid-Azië (5,7%). De constructie per hoofd van de bevolking in subregio's: Oost-Azië ($301,8), Zuidwest-Azië ($261,7), Zuidoost-Azië ($69,0), Centraal-Azië ($61,8) en Zuid-Azië ($23,8). De groei van de constructie in subregio's: Zuid-Azië (5,0%), Zuidoost-Azië (4,6%), Zuidwest-Azië (3,6%), Oost-Azië (1,5%) en Centraal-Azië (-9,6%).

Leiders. De sector van de constructie in Azië in de jaren 1990 bestond uit: Japan (62,4%), China (7,5%), Zuid-Korea (6,6%), India (3,4%), Turkije (2,7%), en andere (17,4%). Het aandeel van de constructie in economie van de leiders: Zuid-Korea (9,0%), Japan (8,0%), Turkije (7,0%), India (5,9%) en China (5,8%). De constructie per hoofd in Azië onder de leiders: Japan ($2.721,7), Zuid-Korea ($806,8), Turkije ($255,0), China ($33,5) en India ($19,8). De groei van de constructie onder de leiders: China (9,9%), India (5,6%), Zuid-Korea (3,8%), Turkije (1,4%) en Japan (-1,0%).

de jaren 2000

De toegevoegde waarde van de constructie in Azië bedroeg in de jaren 2000 US$719,2 miljard per jaar. Het aandeel in de wereld was 29,0%.

Het aandeel van de constructie in de economie van Azië was 5,8% in de jaren 2000, en was vergelijkbaar met Bosnië en Herzegovina (5,9%), Vietnam (5,8%), Mauritius (5,9%).

De toegevoegde waarde van de constructie per hoofd in Azië was $181,9 in de jaren 2000s, en was vergelijkbaar met Maleisië

(US$182,5), Noord-Macedonië (US$181,1), Montenegro (US$183,7). De sector van de constructie per hoofd in Azië was in 2,1 keer lager dan de constructie per hoofd van de bevolking in de wereld ($381,3).

De groei van de constructie in Azië bedroeg 4.4% in de jaren 2000, en was vergelijkbaar met de Centraal-Afrikaanse Republiek (4,4%). De groei van de constructie in Azië (4,4%) was groter dan de groei van de constructie in de wereld (1,5%).

Vergelijking met regio's. De toegevoegde waarde van de constructie in Azië was groter dan in Oceanië (US$54,8 miljard) en in Afrika (US$48,7 miljard); maar minder dan in Europa (US$838,7 miljard) en in Amerika (US$818,0 miljard). De bouw per hoofd in Azië was groter dan in Afrika (US$53,8); maar minder dan in Oceanië (US$1.644,6), in Europa (US$1.147,4) en in Amerika (US$931,0). De groei van de constructie in Azië was groter dan in Europa (0,97%) en in Amerika (-0,96%); maar minder dan in Afrika (8,4%) en in Oceanië (4,8%).

Subregio's. De sector van de constructie in Azië in de jaren 2000 bestond uit: Oost-Azië (67,5%), Zuid-Azië (13,0%), Zuidwest-Azië (11,7%), Zuidoost-Azië (6,8%) en Centraal-Azië (1,0%). Het aandeel van de constructie in de economie van subregio's: Zuid-Azië (7,7%), Centraal-Azië (7,4%), Zuidwest-Azië (6,0%), Oost-Azië (5,7%) en Zuidoost-Azië (4,9%). De bouw per hoofd van de bevolking in subregio's: Zuidwest-Azië ($411,8), Oost-Azië ($311,3), Centraal-Azië ($124,5), Zuidoost-Azië ($87,7) en Zuid-Azië ($59,5). De groei van de constructie in subregio's: Centraal-Azië (12,4%), Zuid-Azië (8,5%), Zuidwest-Azië (7,1%), Zuidoost-Azië (5,7%) en Oost-Azië (3,0%).

Leiders. De waarde van de constructie in Azië in de jaren 2000 bestond uit: Japan (37,6%), China (20,9%), India (9,2%), Zuid-Korea (6,6%), Turkije (3,7%), en andere (22,0%). Het aandeel van de constructie in economie van de leiders: India (8,7%), Turkije (6,6%), Zuid-Korea (6,2%), Japan (5,8%) en China (5,8%). De bouw per hoofd in Azië onder de leiders: Japan ($2.110,1), Zuid-Korea ($979,3), Turkije ($398,2), China ($113,1) en India ($58,2). De groei van de constructie onder de leiders: China (11,9%), India (9,3%), Turkije (5,9%), Zuid-Korea (1,5%) en Japan (-3,9%).

de jaren 2010

De constructie van Azië bedroeg in de jaren 2010 US$1,7 biljoen per jaar. Het aandeel in de wereld was 41,3%.

Het aandeel van de constructie in de economie van Azië was 6,5% in de jaren 2010, en was vergelijkbaar met Spanje (6,5%), Samoa (6,5%), Kazachstan (6,5%).

De constructie per hoofd in Azië was $392,9 in de jaren 2010s, en was vergelijkbaar met Dominica (US$388,5). De waarde van de constructie per hoofd in Azië was 31,3% lager dan de constructie per hoofd van de bevolking in de wereld ($572,1).

De groei van de constructie in Azië bedroeg 5.6% in de jaren 2010. De groei van de constructie in Azië (5,6%) was groter dan de groei van de constructie in de wereld (2,9%).

Vergelijking met regio's. De waarde van de constructie in Azië was 49,5% groter dan in Amerika (US$1,2 biljoen), 64,5% groter dan in Europa (US$1,1 biljoen), 13,5 keer groter dan in Afrika (US$127,9 miljard) en 13,9 keer groter dan in Oceanië (US$124,5 miljard). De bouw per hoofd in Azië was 3,6 keer groter dan in Afrika (US$109,4); maar 8,1 keer minder dan in Oceanië (US$3,2 duizend), 3,6 keer minder dan in Europa (US$1.415,6) en 3,0 keer minder dan in Amerika (US$1.189,0). De groei van de constructie in Azië was groter dan in Oceanië (1,7%), in Amerika (1,3%) en in Europa (0,50%); maar minder dan in Afrika (5,8%).

Subregio's. De constructie van Azië in de jaren 2010 bestond uit: Oost-Azië (64,1%), Zuid-Azië (13,2%), Zuidwest-Azië (11,8%), Zuidoost-Azië (9,7%) en Centraal-Azië (1,1%). Het aandeel van de constructie in de economie van subregio's: Zuid-Azië (7,5%), Centraal-Azië (7,0%), Zuidwest-Azië (6,8%), Zuidoost-Azië (6,7%) en Oost-Azië (6,2%). De constructie per hoofd van de bevolking in subregio's: Zuidwest-Azië ($805,6), Oost-Azië ($677,5), Centraal-Azië ($288,8), Zuidoost-Azië ($266,9) en Zuid-Azië ($125,7). De groei van de constructie in subregio's: Centraal-Azië (6,9%), Zuidoost-Azië (6,7%), Oost-Azië (5,9%), Zuidwest-Azië (4,6%) en Zuid-Azië (4,1%).

Leiders. De sector van de constructie in Azië in de jaren 2010 bestond uit: China (42,2%), Japan (16,1%), India (9,7%), Indonesië (5,4%), Zuid-Korea (4,2%), en andere (22,5%). Het aandeel van de constructie in economie van de leiders: Indonesië (10,3%), India (8,3%), China (7,0%), Zuid-Korea (5,4%) en Japan (5,4%). De constructie per hoofd in Azië onder de leiders: Japan ($2.178,3), Zuid-Korea ($1.422,3), China ($521,3), Indonesië ($362,7) en India ($129,1). De groei van de constructie onder de leiders: China (8,2%), Indonesië (6,6%), India (5,2%), Japan (1,7%) en Zuid-Korea (1,2%).

Hoofdstuk VII. Vervoer

Transport, opslag en communicatie (ISIC I)

De waarde van het transport in Azië steeg van US$79,7 miljard per jaar in de jaren 1970 tot US$1,9 biljoen per jaar in de jaren 2010, dat wil zeggen met US$1,8 biljoen of 23,8 keer. De verandering vond plaats op US$1,3 biljoen als gevolg van een 3,2-voudige stijging van de prijzen, en ook op US$432,4 miljard als gevolg van een 3,9-voudige toename van de productiviteit , evenals op US$71,7 miljard als gevolg van de toename van de bevolking. De gemiddelde jaarlijkse groei van het transport is 5,0%. De minimumwaarde van het transport bedroeg US$33,2 miljard in 1970. De maximumwaarde van het transport bedroeg US$2,2 biljoen in 2019.

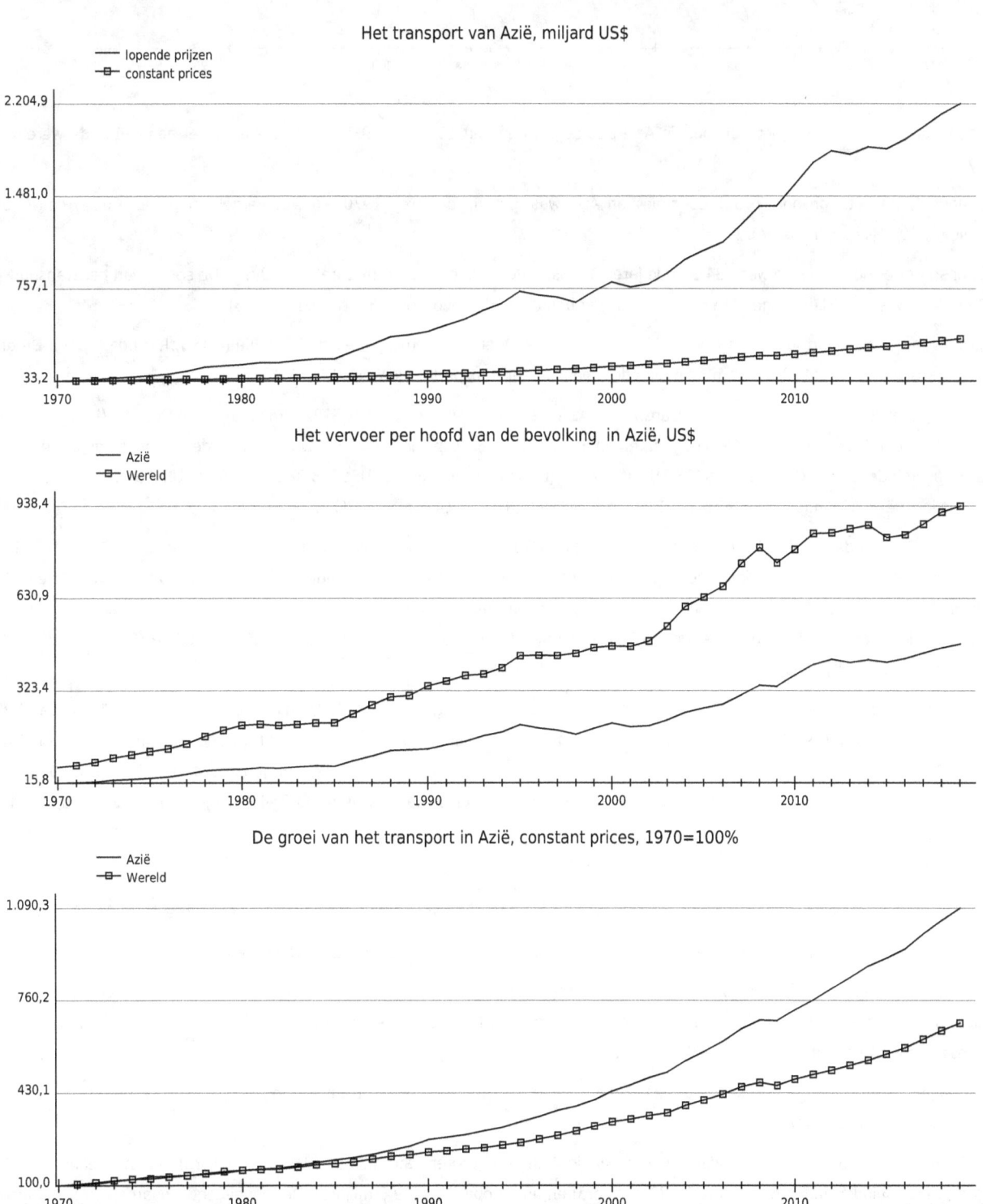

Het transport van Azië, miljard US$

Het vervoer per hoofd van de bevolking in Azië, US$

De groei van het transport in Azië, constant prices, 1970=100%

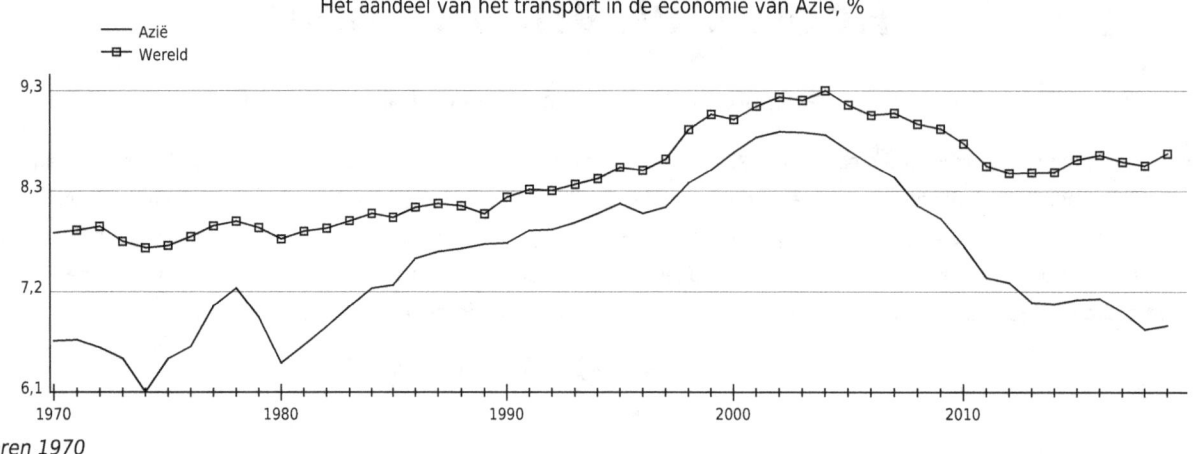

Het aandeel van het transport in de economie van Azië, %

de jaren 1970

De toegevoegde waarde van het transport in Azië bedroeg in de jaren 1970 US$79,7 miljard per jaar. Het aandeel in de wereld was 16,1%.

Het aandeel van het transport in de economie van Azië was 6,8% in de jaren 1970, en was vergelijkbaar met Costa Rica (6,8%), Somalië (6,7%), Micronesië (6,8%).

Het transport per hoofd in Azië was $34,3 in de jaren 1970s, en was vergelijkbaar met Irak (US$34,7). De sector van het transport per hoofd in Azië was in 3,6 keer lager dan het transport per hoofd van de bevolking in de wereld ($122,3).

De groei van het transport in Azië bedroeg 4.1% in de jaren 1970, en was vergelijkbaar met Albanië (4,1%), Rwanda (4,2%). De groei van het transport in Azië (4,1%) was minder dan de groei van het transport in de wereld (4,6%).

Vergelijking met regio's. De sector van het transport in Azië was groter dan in Afrika (US$22,9 miljard) en in Oceanië (US$9,0 miljard); maar minder dan in Amerika (US$202,0 miljard) en in Europa (US$180,1 miljard). De toegevoegde waarde van het transport per hoofd in Azië was minder dan in Oceanië (US$423,7), in Amerika (US$360,9), in Europa (US$248,3) en in Afrika (US$55,9). De groei van het transport in Azië was minder dan in Afrika (6,8%), in Amerika (4,9%), in Oceanië (4,9%) en in Europa (4,3%).

Subregio's. De waarde van het transport in Azië in de jaren 1970 bestond uit: Oost-Azië (72,1%), Zuidwest-Azië (11,5%), Zuid-Azië (10,6%) en Zuidoost-Azië (5,8%). Het aandeel van het transport in de economie van subregio's: Oost-Azië (7,6%), Zuidwest-Azië (5,7%), Zuidoost-Azië (5,1%) en Zuid-Azië (5,0%). Het vervoer per hoofd van de bevolking in subregio's: Zuidwest-Azië ($109,1), Oost-Azië ($52,5), Zuidoost-Azië ($14,5) en Zuid-Azië ($10,2). De groei van het transport in subregio's: Zuidwest-Azië (9,8%), Zuidoost-Azië (9,2%), Zuid-Azië (7,6%) en Oost-Azië (2,6%).

Leiders. De waarde van het transport in Azië in de jaren 1970 bestond uit: Japan (58,2%), China (9,4%), Turkije (5,3%), India (4,4%), Iran (3,3%), en andere (19,4%). Het aandeel van het transport in economie van de leiders: Japan (8,5%), Turkije (8,1%), Iran (5,4%), China (4,8%) en India (3,9%). De sector van het transport per hoofd in Azië onder de leiders: Japan ($416,6), Turkije ($108,8), Iran ($81,1), China ($8,2) en India ($5,7). De groei van het transport onder de leiders: Iran (14,7%), Turkije (9,4%), China (6,8%), India (6,1%) en Japan (1,7%).

de jaren 1980

De sector van het transport in Azië bedroeg in de jaren 1980 US$246,4 miljard per jaar. Het aandeel in de wereld was 21,1%.

Het aandeel van het transport in de economie van Azië was 7,3% in de jaren 1980, en was vergelijkbaar met Iran (7,3%).

De waarde van het transport per hoofd in Azië was $86,8 in de jaren 1980s, en was vergelijkbaar met de Dominicaanse Republiek (US$86,0), Nicaragua (US$88,1), de Federale Staten van Micronesië (US$85,2). Het transport per hoofd in Azië was in 2,8 keer lager dan het transport per hoofd van de bevolking in de wereld ($242,0).

De groei van het transport in Azië bedroeg 5.2% in de jaren 1980. De groei van het transport in Azië (5,2%) was groter dan de groei van het transport in de wereld (3,4%).

Vergelijking met regio's. De waarde van het transport in Azië was groter dan in Afrika (US$48,9 miljard) en in Oceanië (US$21,6 miljard); maar minder dan in Amerika (US$473,4 miljard) en in Europa (US$379,6 miljard). De toegevoegde waarde van het transport per hoofd in Azië was minder dan in Oceanië (US$872,5), in Amerika (US$714,8), in Europa (US$494,5) en in Afrika (US$90,3). De groei van het transport in Azië was groter dan in Oceanië (4,2%), in Amerika (3,5%), in Europa (2,8%) en in Afrika (-0,23%).

Subregio's. Het vervoer van Azië in de jaren 1980 bestond uit: Oost-Azië (73,3%), Zuidwest-Azië (10,2%), Zuid-Azië (9,9%) en Zuidoost-Azië (6,6%). Het aandeel van het transport in de economie van subregio's: Oost-Azië (7,6%), Zuidwest-Azië (6,6%), Zuidoost-Azië (6,6%) en Zuid-Azië (6,4%). Het transport per hoofd van de bevolking in subregio's: Zuidwest-Azië ($220,4), Oost-Azië ($141,3), Zuidoost-Azië ($41,3) en Zuid-Azië ($23,3). De groei van het transport in subregio's: Zuidoost-Azië (7,3%), Oost-Azië (5,7%), Zuid-Azië (3,6%) en Zuidwest-Azië (2,9%).

Leiders. De waarde van het transport in Azië in de jaren 1980 bestond uit: Japan (60,0%), China (6,2%), India (4,3%), Turkije (3,8%), Zuid-Korea (3,5%), en andere (22,2%). Het aandeel van het transport in economie van de leiders: Turkije (10,1%), Japan (8,2%), Zuid-Korea (7,9%), India (5,0%) en China (4,6%). Het transport per hoofd in Azië onder de leiders: Japan ($1.217,8), Zuid-Korea ($213,3), Turkije ($194,0), China ($14,3) en India ($13,7). De groei van het transport onder de leiders: China (10,1%), Zuid-Korea (8,0%), India (7,1%), Japan (4,7%) en Turkije (4,2%).

de jaren 1990

De toegevoegde waarde van het transport in Azië bedroeg in de jaren 1990 US$614,0 miljard per jaar. Het aandeel in de wereld was 26,3%.

Het aandeel van het transport in de economie van Azië was 8,1% in de jaren 1990, en was vergelijkbaar met Zuidwest-Azië (8,1%).

De waarde van het transport per hoofd in Azië was $177,2 in de jaren 1990s, en was vergelijkbaar met Venezuela (US$177,4). Het transport per hoofd in Azië was in 2,3 keer lager dan het transport per hoofd van de bevolking in de wereld ($409,5).

De groei van het transport in Azië bedroeg 5.4% in de jaren 1990, en was vergelijkbaar met Nieuw-Zeeland (5,4%), San Marino (5,4%), Antigua en Barbuda (5,4%). De groei van het transport in Azië (5,4%) was groter dan de groei van het transport in de wereld (4,0%).

Vergelijking met regio's. De toegevoegde waarde van het transport in Azië was groter dan in Afrika (US$44,7 miljard) en in Oceanië (US$38,6 miljard); maar minder dan in Amerika (US$851,9 miljard) en in Europa (US$784,9 miljard). De toegevoegde waarde van het transport per hoofd in Azië was groter dan in Afrika (US$63,1); maar minder dan in Oceanië (US$1.336,3), in Amerika (US$1.104,4) en in Europa (US$1.080,1). De groei van het transport in Azië was groter dan in Amerika (4,7%), in Oceanië (4,7%), in Afrika (3,3%) en in Europa (2,4%).

Subregio's. De waarde van het transport in Azië in de jaren 1990 bestond uit: Oost-Azië (77,8%), Zuidwest-Azië (8,2%), Zuidoost-Azië (6,9%), Zuid-Azië (6,6%) en Centraal-Azië (0,59%). Het aandeel van het transport in de economie van subregio's: Oost-Azië (8,2%), Zuidwest-Azië (8,1%), Centraal-Azië (7,9%), Zuidoost-Azië (7,4%) en Zuid-Azië (7,3%). Het transport per hoofd van de bevolking in subregio's: Oost-Azië ($327,9), Zuidwest-Azië ($305,9), Zuidoost-Azië ($87,8), Centraal-Azië ($68,7) en Zuid-Azië ($30,8). De groei van het transport in subregio's: Zuidoost-Azië (6,8%), Zuid-Azië (6,8%), Zuidwest-Azië (5,5%), Oost-Azië (4,9%) en Centraal-Azië (-7,4%).

Leiders. De waarde van het transport in Azië in de jaren 1990 bestond uit: Japan (60,9%), China (6,6%), Zuid-Korea (5,2%), Turkije (3,7%), India (3,4%), en andere (20,2%). Het aandeel van het transport in economie van de leiders: Turkije (10,7%), Japan (8,7%), Zuid-Korea (7,8%), India (6,6%) en China (5,7%). Het vervoer per hoofd in Azië onder de leiders: Japan ($2.965,8), Zuid-Korea ($702,9), Turkije ($389,5), China ($32,9) en India ($22,1). De groei van het transport onder de leiders: China (10,4%), Zuid-Korea (9,9%), India (7,7%), Turkije (5,8%) en Japan (3,0%).

de jaren 2000

De waarde van het transport in Azië bedroeg in de jaren 2000 US$1,0 biljoen per jaar. Het aandeel in de wereld was 25,9%.

Het aandeel van het transport in de economie van Azië was 8,5% in de jaren 2000, en was vergelijkbaar met Kameroen (8,5%), Afrika (8,5%), Oost-Azië (8,5%).

Het transport per hoofd in Azië was $264,8 in de jaren 2000s. De waarde van het transport per hoofd in Azië was in 2,3 keer lager dan het transport per hoofd van de bevolking in de wereld ($621,1).

De groei van het transport in Azië bedroeg 5.4% in de jaren 2000, en was vergelijkbaar met de Maldiven (5,4%). De groei van het transport in Azië (5,4%) was groter dan de groei van het transport in de wereld (3,9%).

Vergelijking met regio's. De sector van het transport in Azië was groter dan in Afrika (US$90,0 miljard) en in Oceanië (US$66,9 miljard); maar minder dan in Amerika (US$1,5 biljoen) en in Europa (US$1,4 biljoen). De toegevoegde waarde van het transport per hoofd in Azië was groter dan in Afrika (US$99,3); maar minder dan in Oceanië (US$2,0 duizend), in Europa (US$1.850,1) en in Amerika (US$1.687,7). De groei van het transport in Azië was groter dan in Oceanië (3,7%), in Amerika (3,2%) en in Europa (3,1%); maar minder dan in Afrika (7,8%).

Subregio's. De toegevoegde waarde van het transport in Azië in de jaren 2000 bestond uit: Oost-Azië (69,4%), Zuidwest-Azië (12,3%), Zuid-Azië (9,7%), Zuidoost-Azië (7,6%) en Centraal-Azië (0,99%). Het aandeel van het transport in de economie van subregio's: Centraal-Azië (10,6%), Zuidwest-Azië (9,1%), Oost-Azië (8,5%), Zuid-Azië (8,3%) en Zuidoost-Azië (7,9%). Het vervoer per hoofd van de bevolking in subregio's: Zuidwest-Azië ($631,6), Oost-Azië ($465,6), Centraal-Azië ($177,6), Zuidoost-Azië ($143,4) en Zuid-Azië ($64,5). De groei van het transport in subregio's: Centraal-Azië (9,8%), Zuid-Azië (8,5%), Zuidoost-Azië (7,9%), Zuidwest-Azië (6,7%) en Oost-Azië (4,3%).

Leiders. De toegevoegde waarde van het transport in Azië in de jaren 2000 bestond uit: Japan (44,8%), China (13,5%), Zuid-Korea (6,8%), Turkije (5,4%), India (5,3%), en andere (24,2%). Het aandeel van het transport in economie van de leiders: Turkije (14,0%), Japan (10,0%), Zuid-Korea (9,4%), India (7,3%) en China (5,4%). De sector van het transport per hoofd in Azië onder de leiders: Japan ($3.655,1), Zuid-Korea ($1.471,1), Turkije ($845,4), China ($106,2) en India ($48,8). De groei van het transport onder de leiders: India (10,4%), China (8,8%), Zuid-Korea (7,0%), Turkije (5,0%) en Japan (1,5%).

de jaren 2010

De toegevoegde waarde van het transport in Azië bedroeg in de jaren 2010 US$1,9 biljoen per jaar, en was vergelijkbaar met Noord-Amerika (US$1,9 biljoen). Het aandeel in de wereld was 29,9%.

Het aandeel van het transport in de economie van Azië was 7,1% in de jaren 2010, en was vergelijkbaar met Zuid-Soedan (7,1%), Montserrat (7,1%), Tonga (7,1%).

De sector van het transport per hoofd in Azië was $430,2 in de jaren 2010s, en was vergelijkbaar met Algerije (US$427,5), Azerbeidzjan (US$424,7), Libanon (US$437,6). De waarde van het transport per hoofd in Azië was in 2,0 keer lager dan het transport per hoofd van de bevolking in de wereld ($864,8).

De groei van het transport in Azië bedroeg 4.7% in de jaren 2010, en was vergelijkbaar met Amerika (4,7%), San Marino (4,7%), Namibië (4,8%). De groei van het transport in Azië (4,7%) was groter dan de groei van het transport in de wereld (4,0%).

Vergelijking met regio's. Het transport van Azië was 5,2% groter dan in Europa (US$1,8 biljoen), 9,3 keer groter dan in Afrika (US$202,9 miljard) en 15,8 keer groter dan in Oceanië (US$120,4 miljard); maar 18,3% minder dan in Amerika (US$2,3 biljoen). De sector van het transport per hoofd in Azië was 2,5 keer groter dan in Afrika (US$173,7); maar 7,1 keer minder dan in Oceanië (US$3,1 duizend), 5,6 keer minder dan in Europa (US$2,4 duizend) en 5,5 keer minder dan in Amerika (US$2,4 duizend). De groei van het transport in Azië was groter dan in Amerika (4,7%), in Afrika (3,8%), in Europa (2,6%) en in Oceanië (2,3%).

Subregio's. De toegevoegde waarde van het transport in Azië in de jaren 2010 bestond uit: Oost-Azië (61,4%), Zuidwest-Azië (13,5%), Zuid-Azië (12,8%), Zuidoost-Azië (10,9%) en Centraal-Azië (1,5%). Het aandeel van het transport in de economie van subregio's: Centraal-Azië (10,1%), Zuidwest-Azië (8,5%), Zuidoost-Azië (8,2%), Zuid-Azië (7,9%) en Oost-Azië (6,5%). Het transport per hoofd van de bevolking in subregio's: Zuidwest-Azië ($1.004,2), Oost-Azië ($710,0), Centraal-Azië ($416,7), Zuidoost-Azië ($327,5) en Zuid-Azië ($133,1). De groei van het transport in subregio's: Zuidoost-Azië (6,9%), Centraal-Azië (6,7%), Zuid-Azië (5,5%), Zuidwest-Azië (4,8%) en Oost-Azië (4,1%).

Leiders. De waarde van het transport in Azië in de jaren 2010 bestond uit: Japan (27,9%), China (24,5%), India (7,0%), Zuid-Korea (5,7%), Turkije (4,8%), en andere (30,2%). Het aandeel van het transport in economie van de leiders: Turkije (12,0%), Japan (10,2%), Zuid-Korea (8,1%), India (6,5%) en China (4,4%). De waarde van het transport per hoofd in Azië onder de leiders: Japan ($4.141,7), Zuid-Korea ($2.131,7), Turkije ($1.162,0), China ($331,0) en India ($101,4). De groei van het transport onder de leiders: China (7,5%), India (6,6%), Turkije (5,5%), Zuid-Korea (3,7%) en Japan (0,81%).

Hoofdstuk VIII. Handel

Groothandel, detailhandel, restaurants en hotels (ISIC G-H)

De handel van Azië steeg van US$156,4 miljard per jaar in de jaren 1970 tot US$3,6 biljoen per jaar in de jaren 2010, dat wil zeggen met US$3,5 biljoen of 23,1 keer. De verandering vond plaats op US$2,3 biljoen als gevolg van een 2,8-voudige stijging van de prijzen, en ook op US$1,0 biljoen als gevolg van een 4,4-voudige toename van de productiviteit , evenals op US$140,6 miljard als gevolg van de toename van de bevolking. De gemiddelde jaarlijkse groei van de handel is 5,6%. De minimumwaarde van de handel bedroeg US$63,9 miljard in 1970. De maximumwaarde van de handel bedroeg US$4,3 biljoen in 2019.

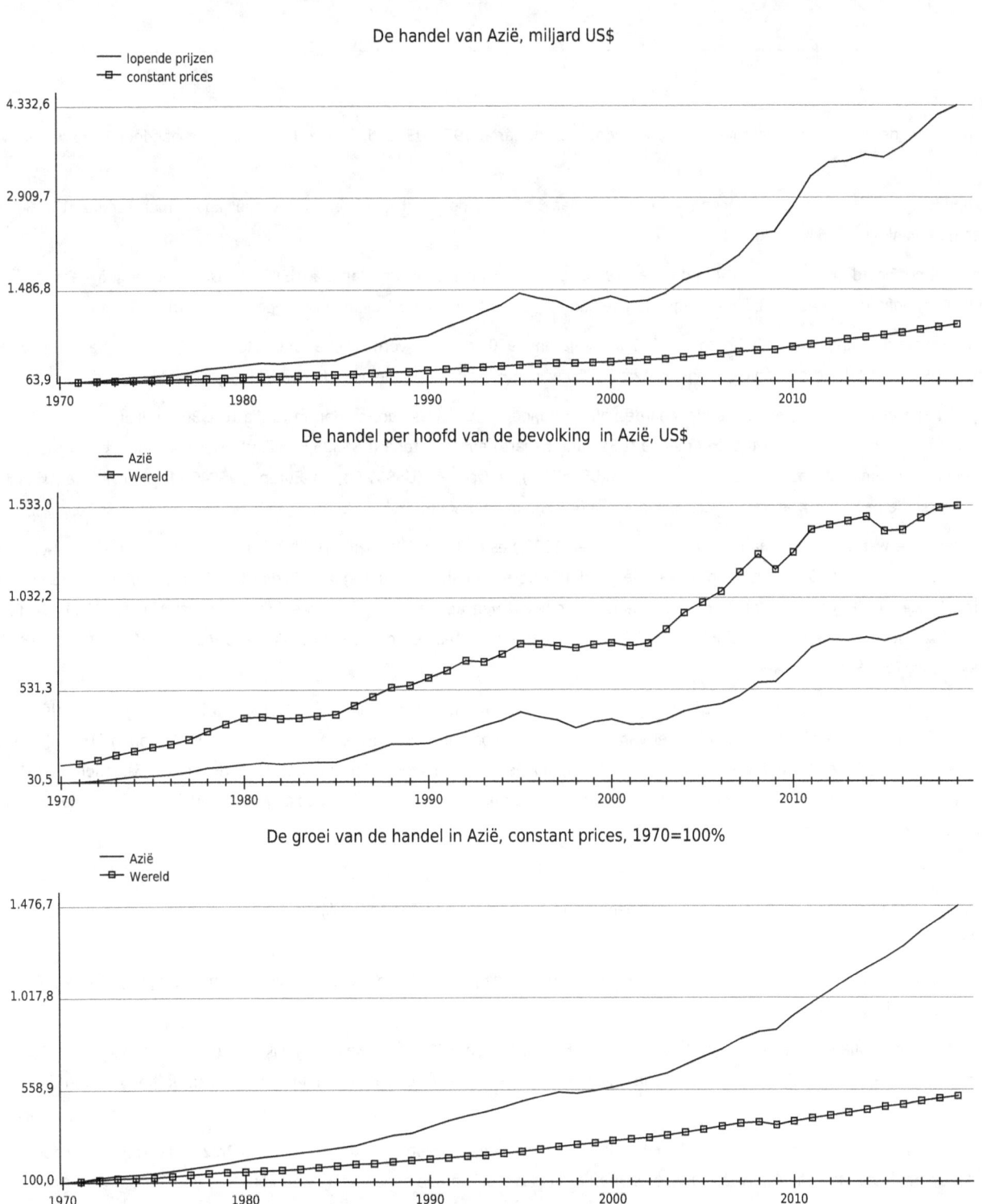

De handel van Azië, miljard US$

De handel per hoofd van de bevolking in Azië, US$

De groei van de handel in Azië, constant prices, 1970=100%

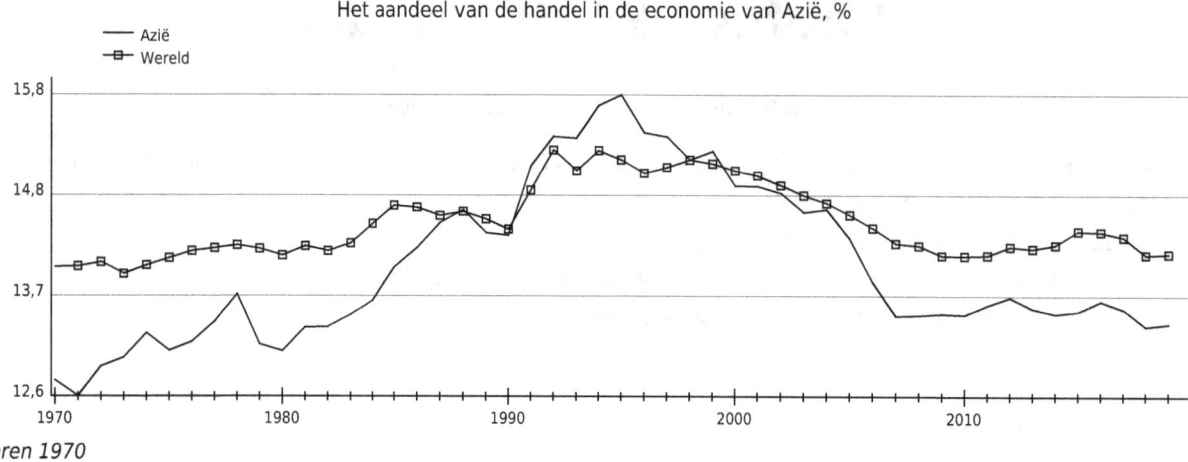

Het aandeel van de handel in de economie van Azië, %

de jaren 1970

De toegevoegde waarde van de handel in Azië bedroeg in de jaren 1970 US$156,4 miljard per jaar. Het aandeel in de wereld was 17,5%.

Het aandeel van de handel in de economie van Azië was 13,2% in de jaren 1970, en was vergelijkbaar met Turkije (13,2%), het Verenigd Koninkrijk (13,3%), België (13,2%).

De handel per hoofd in Azië was $67,4 in de jaren 1970s, en was vergelijkbaar met Zambia (US$66,1). De toegevoegde waarde van de handel per hoofd in Azië was in 3,3 keer lager dan de handel per hoofd van de bevolking in de wereld ($221,0).

De groei van de handel in Azië bedroeg 7.7% in de jaren 1970, en was vergelijkbaar met Mauritanië (7,7%), Vanuatu (7,7%), Noord-Afrika (7,7%). De groei van de handel in Azië (7,7%) was groter dan de groei van de handel in de wereld (4,5%).

Vergelijking met regio's. De toegevoegde waarde van de handel in Azië was groter dan in Afrika (US$30,3 miljard) en in Oceanië (US$12,7 miljard); maar minder dan in Amerika (US$366,6 miljard) en in Europa (US$326,5 miljard). De toegevoegde waarde van de handel per hoofd in Azië was minder dan in Amerika (US$654,8), in Oceanië (US$597,4), in Europa (US$450,1) en in Afrika (US$73,8). De groei van de handel in Azië was groter dan in Afrika (4,6%), in Amerika (4,4%), in Europa (3,6%) en in Oceanië (1,6%).

Subregio's. De waarde van de handel in Azië in de jaren 1970 bestond uit: Oost-Azië (70,2%), Zuidoost-Azië (10,4%), Zuidwest-Azië (10,2%) en Zuid-Azië (9,3%). Het aandeel van de handel in de economie van subregio's: Zuidoost-Azië (18,1%), Oost-Azië (14,4%), Zuidwest-Azië (9,9%) en Zuid-Azië (8,6%). De handel per hoofd van de bevolking in subregio's: Zuidwest-Azië ($188,7), Oost-Azië ($100,1), Zuidoost-Azië ($51,5) en Zuid-Azië ($17,5). De groei van de handel in subregio's: Zuidwest-Azië (8,8%), Oost-Azië (8,1%), Zuidoost-Azië (6,5%) en Zuid-Azië (5,6%).

Leiders. De waarde van de handel in Azië in de jaren 1970 bestond uit: Japan (57,8%), China (7,1%), Turkije (4,4%), Indonesië (4,2%), India (3,7%), en andere (22,8%). Het aandeel van de handel in economie van de leiders: Indonesië (20,8%), Japan (16,6%), Turkije (13,2%), China (7,1%) en India (6,4%). De handel per hoofd in Azië onder de leiders: Japan ($811,1), Turkije ($177,5), Indonesië ($50,5), China ($12,2) en India ($9,4). De groei van de handel onder de leiders: Japan (8,2%), Indonesië (7,9%), Turkije (7,1%), China (6,1%) en India (4,1%).

de jaren 1980

De toegevoegde waarde van de handel in Azië bedroeg in de jaren 1980 US$473,2 miljard per jaar. Het aandeel in de wereld was 22,4%.

Het aandeel van de handel in de economie van Azië was 14,0% in de jaren 1980, en was vergelijkbaar met Paraguay (14,0%), Panama (14,0%), Kameroen (14,0%).

De sector van de handel per hoofd in Azië was $166,8 in de jaren 1980s, en was vergelijkbaar met Honduras (US$170,9). De toegevoegde waarde van de handel per hoofd in Azië was in 2,6 keer lager dan de handel per hoofd van de bevolking in de wereld ($437,7).

De groei van de handel in Azië bedroeg 5.8% in de jaren 1980, en was vergelijkbaar met Congo-Brazzaville (5,8%), Zuidoost-Azië (5,8%). De groei van de handel in Azië (5,8%) was groter dan de groei van de handel in de wereld (3,3%).

Vergelijking met regio's. De handel van Azië was groter dan in Afrika (US$66,0 miljard) en in Oceanië (US$29,6 miljard); maar minder dan in Amerika (US$839,7 miljard) en in Europa (US$707,2 miljard). De sector van de handel per hoofd in Azië was groter dan in Afrika (US$121,8); maar minder dan in Amerika (US$1.268,0), in Oceanië (US$1.193,9) en in Europa (US$921,4). De groei van de handel in Azië was groter dan in Amerika (3,5%), in Afrika (2,7%), in Oceanië (2,5%) en in Europa (1,9%).

Subregio's. De sector van de handel in Azië in de jaren 1980 bestond uit: Oost-Azië (71,9%), Zuidoost-Azië (9,6%), Zuidwest-Azië (9,5%) en Zuid-Azië (9,0%). Het aandeel van de handel in de economie van subregio's: Zuidoost-Azië (18,2%), Oost-Azië (14,4%), Zuidwest-Azië (11,9%) en Zuid-Azië (11,1%). De handel per hoofd van de bevolking in subregio's: Zuidwest-Azië ($396,9), Oost-Azië ($266,2), Zuidoost-Azië ($114,1) en Zuid-Azië ($40,8). De groei van de handel in subregio's: Oost-Azië (6,3%), Zuidoost-Azië (5,8%), Zuid-Azië (4,9%) en Zuidwest-Azië (3,3%).

Leiders. De toegevoegde waarde van de handel in Azië in de jaren 1980 bestond uit: Japan (58,6%), China (5,7%), Indonesië (4,2%), India (3,6%), Zuid-Korea (3,5%), en andere (24,5%). Het aandeel van de handel in economie van de leiders: Indonesië (20,2%), Japan (15,4%), Zuid-Korea (15,1%), China (8,1%) en India (7,9%). De toegevoegde waarde van de handel per hoofd in Azië onder de leiders: Japan ($2.286,5), Zuid-Korea ($409,3), Indonesië ($120,4), China ($25,0) en India ($21,7). De groei van de handel onder de leiders: China (12,7%), Zuid-Korea (8,1%), Indonesië (6,8%), India (6,1%) en Japan (4,9%).

de jaren 1990

De handel van Azië bedroeg in de jaren 1990 US$1,2 biljoen per jaar, en was vergelijkbaar met de Verenigde Staten (US$1,2 biljoen). Het aandeel in de wereld was 28,4%.

Het aandeel van de handel in de economie van Azië was 15,3% in de jaren 1990, en was vergelijkbaar met de Verenigde Staten (15,4%), Kroatië (15,3%), Frans-Polynesië (15,3%).

De sector van de handel per hoofd in Azië was $337,1 in de jaren 1990s, en was vergelijkbaar met Venezuela (US$336,0), Micronesië (US$341,5). De handel per hoofd in Azië was in 2,1 keer lager dan de handel per hoofd van de bevolking in de wereld ($721,8).

De groei van de handel in Azië bedroeg 4.9% in de jaren 1990, en was vergelijkbaar met Puerto Rico (4,9%), Namibië (4,9%), Lesotho (4,9%). De groei van de handel in Azië (4,9%) was groter dan de groei van de handel in de wereld (3,5%).

Vergelijking met regio's. De sector van de handel in Azië was groter dan in Afrika (US$85,2 miljard) en in Oceanië (US$55,4 miljard); maar minder dan in Amerika (US$1,5 biljoen) en in Europa (US$1,3 biljoen). De handel per hoofd in Azië was groter dan in Afrika (US$120,3); maar minder dan in Amerika (US$1.943,2), in Oceanië (US$1.916,7) en in Europa (US$1.798,1). De groei van de handel in Azië was groter dan in Amerika (3,8%), in Oceanië (3,3%), in Afrika (2,8%) en in Europa (2,0%).

Subregio's. De waarde van de handel in Azië in de jaren 1990 bestond uit: Oost-Azië (77,7%), Zuidoost-Azië (9,1%), Zuidwest-Azië (7,0%), Zuid-Azië (5,9%) en Centraal-Azië (0,41%). Het aandeel van de handel in de economie van subregio's: Zuidoost-Azië (18,5%), Oost-Azië (15,6%), Zuidwest-Azië (13,1%), Zuid-Azië (12,4%) en Centraal-Azië (10,3%). De handel per hoofd van de bevolking in subregio's: Oost-Azië ($623,2), Zuidwest-Azië ($494,6), Zuidoost-Azië ($219,8), Centraal-Azië ($89,9) en Zuid-Azië ($52,2). De groei van de handel in subregio's: Zuid-Azië (5,5%), Zuidoost-Azië (5,1%), Oost-Azië (4,8%), Zuidwest-Azië (4,7%) en Centraal-Azië (-3,5%).

Leiders. De sector van de handel in Azië in de jaren 1990 bestond uit: Japan (61,1%), China (6,1%), Zuid-Korea (4,3%), Indonesië (3,2%), Turkije (3,1%), en andere (22,2%). Het aandeel van de handel in economie van de leiders: Indonesië (20,3%), Turkije (16,9%), Japan (16,5%), Zuid-Korea (12,4%) en China (10,0%). De sector van de handel per hoofd in Azië onder de leiders: Japan ($5.656,5), Zuid-Korea ($1.111,2), Turkije ($618,2), Indonesië ($192,5) en China ($58,1). De groei van de handel onder de leiders: China (7,7%), Zuid-Korea (5,8%), Indonesië (4,8%), Turkije (4,0%) en Japan (3,8%).

de jaren 2000

De sector van de handel in Azië bedroeg in de jaren 2000 US$1,7 biljoen per jaar. Het aandeel in de wereld was 26,9%.

Het aandeel van de handel in de economie van Azië was 14,1% in de jaren 2000, en was vergelijkbaar met Zuidelijk Afrika (14,1%), Zuid-Afrika (14,1%), Dominica (14,1%).

De handel per hoofd in Azië was $438,7 in de jaren 2000s, en was vergelijkbaar met de Marshalleilanden (US$437,5), Bosnië en Herzegovina (US$430,6), Fiji (US$448,1). De sector van de handel per hoofd in Azië was in 2,3 keer lager dan de handel per hoofd van de bevolking in de wereld ($990,3).

De groei van de handel in Azië bedroeg 4.5% in de jaren 2000, en was vergelijkbaar met Noord-Afrika (4,5%), Saint Vincent en de Grenadines (4,5%). De groei van de handel in Azië (4,5%) was groter dan de groei van de handel in de wereld (2,7%).

Vergelijking met regio's. De sector van de handel in Azië was groter dan in Afrika (US$148,7 miljard) en in Oceanië (US$97,4 miljard); maar minder dan in Amerika (US$2,4 biljoen) en in Europa (US$2,0 biljoen). De waarde van de handel per hoofd in Azië was groter dan in Afrika (US$164,0); maar minder dan in Oceanië (US$2,9 duizend), in Europa (US$2,8 duizend) en in Amerika (US$2,8 duizend). De groei van de handel in Azië was groter dan in Oceanië (3,0%), in Europa (2,2%) en in Amerika (1,6%); maar minder dan in Afrika (5,9%).

Subregio's. De toegevoegde waarde van de handel in Azië in de jaren 2000 bestond uit: Oost-Azië (71,3%), Zuidoost-Azië (10,1%), Zuidwest-Azië (9,6%), Zuid-Azië (8,3%) en Centraal-Azië (0,65%). Het aandeel van de handel in de economie van subregio's: Zuidoost-Azië (17,4%), Oost-Azië (14,4%), Zuid-Azië (11,9%), Zuidwest-Azië (11,8%) en Centraal-Azië (11,6%). De handel per hoofd van de bevolking in subregio's: Zuidwest-Azië ($818,4), Oost-Azië ($792,8), Zuidoost-Azië ($314,3), Centraal-Azië ($194,5) en Zuid-Azië ($91,8). De groei van de handel in subregio's: Centraal-Azië (8,5%), Zuid-Azië (6,1%), Zuidwest-Azië (5,8%), Zuidoost-Azië (5,5%) en Oost-Azië (3,8%).

Leiders. De waarde van de handel in Azië in de jaren 2000 bestond uit: Japan (44,5%), China (15,1%), Zuid-Korea (4,9%), India (4,5%), Turkije (3,8%), en andere (27,2%). Het aandeel van de handel in economie van de leiders: Japan (16,5%), Turkije (16,0%), Zuid-Korea (11,2%), India (10,3%) en China (10,1%). De toegevoegde waarde van de handel per hoofd in Azië onder de leiders: Japan ($6.021,3), Zuid-Korea ($1.754,9), Turkije ($968,7), China ($197,5) en India ($68,7). De groei van de handel onder de leiders: China (11,9%), India (7,0%), Turkije (3,1%), Zuid-Korea (2,6%) en Japan (-0,77%).

de jaren 2010

De toegevoegde waarde van de handel in Azië bedroeg in de jaren 2010 US$3,6 biljoen per jaar, en was vergelijkbaar met Amerika (US$3,7 biljoen). Het aandeel in de wereld was 34,3%.

Het aandeel van de handel in de economie van Azië was 13,5% in de jaren 2010, en was vergelijkbaar met Sri Lanka (13,5%), Melanesië (13,5%), Frans-Polynesië (13,4%).

De toegevoegde waarde van de handel per hoofd in Azië was $821,1 in de jaren 2010s, en was vergelijkbaar met Iran (US$819,3), Bosnië en Herzegovina (US$813,3), Colombia (US$812,9). De sector van de handel per hoofd in Azië was 42,9% lager dan de handel per hoofd van de bevolking in de wereld ($1.436,8).

De groei van de handel in Azië bedroeg 5.6% in de jaren 2010, en was vergelijkbaar met Indonesië (5,5%), Mozambique (5,6%). De groei van de handel in Azië (5,6%) was groter dan de groei van de handel in de wereld (3,3%).

Vergelijking met regio's. De toegevoegde waarde van de handel in Azië was 34,4% groter dan in Europa (US$2,7 biljoen), 10,6 keer groter dan in Afrika (US$340,8 miljard) en 20,3 keer groter dan in Oceanië (US$178,6 miljard); maar 2,3% minder dan in Amerika (US$3,7 biljoen). De waarde van de handel per hoofd in Azië was 2,8 keer groter dan in Afrika (US$291,7); maar 5,5 keer minder dan in Oceanië (US$4,6 duizend), 4,6 keer minder dan in Amerika (US$3,8 duizend) en 4,4 keer minder dan in Europa (US$3,6 duizend). De groei van de handel in Azië was groter dan in Afrika (3,4%), in Amerika (2,1%), in Oceanië (2,0%) en in Europa (2,0%).

Subregio's. De waarde van de handel in Azië in de jaren 2010 bestond uit: Oost-Azië (66,0%), Zuidoost-Azië (12,5%), Zuid-Azië (10,6%), Zuidwest-Azië (9,9%) en Centraal-Azië (1,1%). Het aandeel van de handel in de economie van subregio's: Zuidoost-Azië (18,0%), Centraal-Azië (14,0%), Oost-Azië (13,3%), Zuid-Azië (12,6%) en Zuidwest-Azië (11,9%). De handel per hoofd van de bevolking in subregio's: Oost-Azië ($1.455,8), Zuidwest-Azië ($1.402,8), Zuidoost-Azië ($715,8), Centraal-Azië ($579,9) en Zuid-Azië ($211,8). De groei van de handel in subregio's: Centraal-Azië (7,9%), Zuid-Azië (7,0%), Zuidoost-Azië (5,9%), Oost-Azië (5,3%) en Zuidwest-Azië (5,0%).

Leiders. De waarde van de handel in Azië in de jaren 2010 bestond uit: China (33,0%), Japan (24,0%), India (6,4%), Indonesië (4,2%), Zuid-Korea (3,9%), en andere (28,5%). Het aandeel van de handel in economie van de leiders: Japan (16,7%), Indonesië (16,6%), India (11,5%), China (11,4%) en Zuid-Korea (10,7%). De sector van de handel per hoofd in Azië onder de leiders: Japan ($6.797,1), Zuid-Korea ($2.806,5), China ($851,7), Indonesië ($587,3) en India ($178,6). De groei van de handel onder de leiders: India (9,7%), China (8,9%), Indonesië (5,5%), Zuid-Korea (3,1%) en Japan (0,77%).

Hoofdstuk IX. Diensten

(ISIC J-P)

De toegevoegde waarde van de diensten in Azië steeg van US$282,2 miljard per jaar in de jaren 1970 tot US$9,4 biljoen per jaar in de jaren 2010, dat wil zeggen met US$9,1 biljoen of 33,4 keer. De verandering vond plaats op US$7,2 biljoen als gevolg van een 4,3-voudige stijging van de prijzen, en ook op US$1,6 biljoen als gevolg van een 4,1-voudige toename van de productiviteit , evenals op US$253,7 miljard als gevolg van de toename van de bevolking. De gemiddelde jaarlijkse groei van de diensten is 5,4%. De minimumwaarde van de diensten bedroeg US$108,0 miljard in 1970. De maximumwaarde van de diensten bedroeg US$12,0 biljoen in 2019.

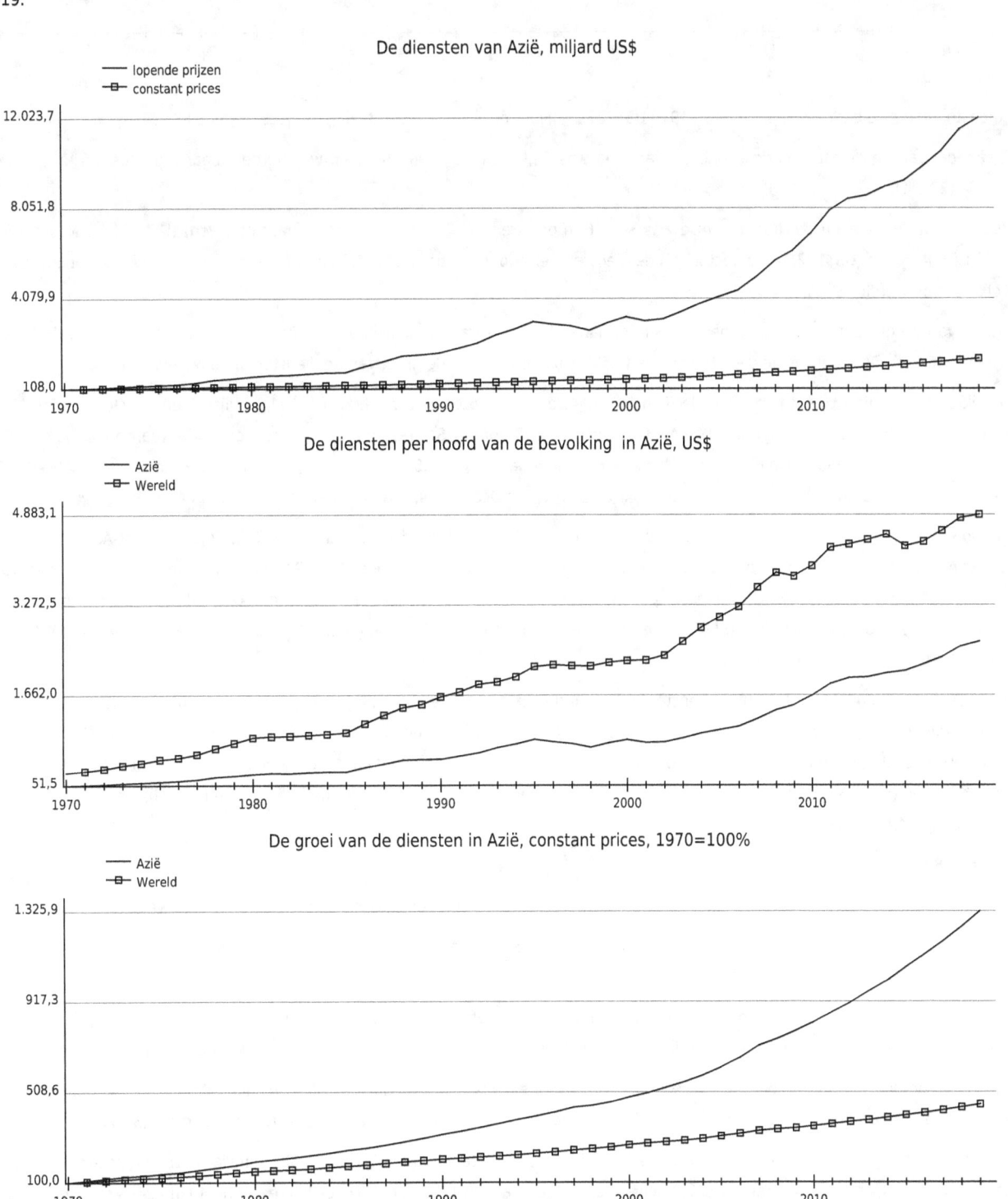

De diensten van Azië, miljard US$

De diensten per hoofd van de bevolking in Azië, US$

De groei van de diensten in Azië, constant prices, 1970=100%

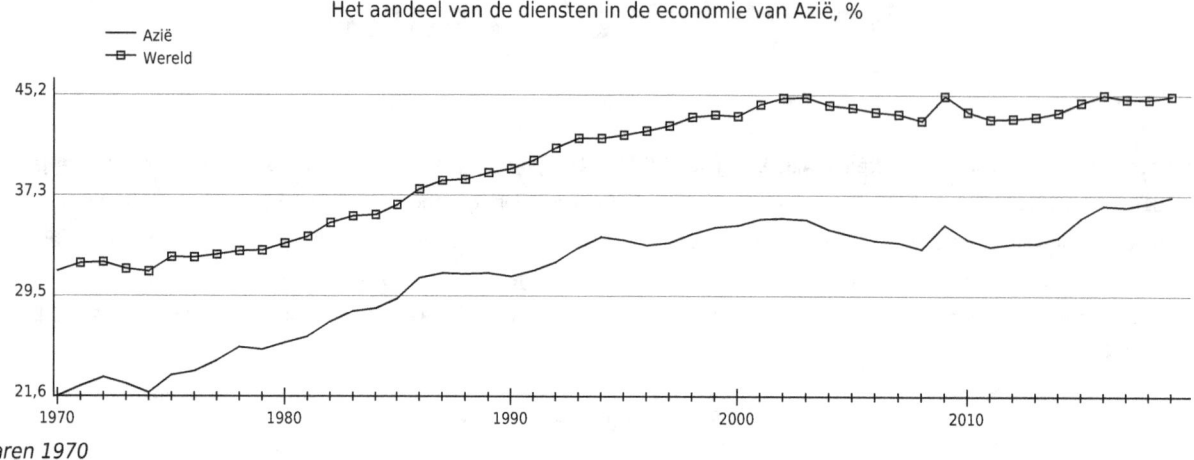

Het aandeel van de diensten in de economie van Azië, %

— Azië
—□— Wereld

de jaren 1970

De diensten van Azië bedroegen in de jaren 1970 US$282,2 miljard per jaar. Het aandeel in de wereld was 13,8%.

Het aandeel van de diensten in de economie van Azië was 23,9% in de jaren 1970, en was vergelijkbaar met Oost-Afrika (23,8%), Oeganda (23,8%).

De sector van de diensten per hoofd in Azië was $121,6 in de jaren 1970s, en was vergelijkbaar met Peru (US$121,5), Noord-Korea (US$121,8), Marokko (US$122,0). De sector van de diensten per hoofd in Azië was in 4,2 keer lager dan de diensten per hoofd van de bevolking in de wereld ($506,9).

De groei van de diensten in Azië bedroeg 6.5% in de jaren 1970, en was vergelijkbaar met Panama (6,5%), Haïti (6,5%), de FS van Micronesië (6,6%). De groei van de diensten in Azië (6,5%) was groter dan de groei van de diensten in de wereld (4,1%).

Vergelijking met regio's. De waarde van de diensten in Azië was groter dan in Afrika (US$64,0 miljard) en in Oceanië (US$39,4 miljard); maar minder dan in Amerika (US$841,3 miljard) en in Europa (US$819,9 miljard). De toegevoegde waarde van de diensten per hoofd in Azië was minder dan in Oceanië (US$1.847,3), in Amerika (US$1.502,8), in Europa (US$1.130,2) en in Afrika (US$156,0). De groei van de diensten in Azië was groter dan in Afrika (5,5%), in Oceanië (4,0%), in Europa (3,7%) en in Amerika (3,7%).

Subregio's. De diensten van Azië in de jaren 1970 bestonden uit: Oost-Azië (66,3%), Zuid-Azië (14,7%), Zuidwest-Azië (13,4%) en Zuidoost-Azië (5,7%). Het aandeel van de diensten in de economie van subregio's: Oost-Azië (24,6%), Zuid-Azië (24,5%), Zuidwest-Azië (23,4%) en Zuidoost-Azië (17,9%). De diensten per hoofd van de bevolking in subregio's: Zuidwest-Azië ($446,5), Oost-Azië ($170,8), Zuidoost-Azië ($50,8) en Zuid-Azië ($50,1). De groei van de diensten in subregio's: Zuid-Azië (8,3%), Zuidwest-Azië (7,2%), Zuidoost-Azië (6,8%) en Oost-Azië (6,1%).

Leiders. De toegevoegde waarde van de diensten in Azië in de jaren 1970 bestond uit: Japan (54,5%), India (8,0%), China (6,3%), Iran (4,9%), Turkije (4,1%), en andere (22,2%). Het aandeel van de diensten in economie van de leiders: Japan (28,2%), Iran (28,1%), India (24,8%), Turkije (22,2%) en China (11,4%). De sector van de diensten per hoofd in Azië onder de leiders: Japan ($1.381,3), Iran ($423,4), Turkije ($298,8), India ($36,4) en China ($19,5). De groei van de diensten onder de leiders: Iran (13,7%), Japan (5,9%), China (5,5%), Turkije (4,4%) en India (4,3%).

de jaren 1980

De sector van de diensten in Azië bedroeg in de jaren 1980 US$997,1 miljard per jaar. Het aandeel in de wereld was 18,5%.

Het aandeel van de diensten in de economie van Azië was 29,5% in de jaren 1980, en was vergelijkbaar met Paraguay (29,5%), Zuid-Afrika (29,5%), Nicaragua (29,4%).

De waarde van de diensten per hoofd in Azië was $351,5 in de jaren 1980s, en was vergelijkbaar met Irak (US$353,0). De waarde van de diensten per hoofd in Azië was in 3,2 keer lager dan de diensten per hoofd van de bevolking in de wereld ($1.115,5).

De groei van de diensten in Azië bedroeg 5.3% in de jaren 1980, en was vergelijkbaar met de Marshalleilanden (5,3%), Soedan (5,4%), Luxemburg (5,4%). De groei van de diensten in Azië (5,3%) was groter dan de groei van de diensten in de wereld (3,3%).

Vergelijking met regio's. De waarde van de diensten in Azië was groter dan in Afrika (US$127,7 miljard) en in Oceanië (US$97,5 miljard); maar minder dan in Amerika (US$2,3 biljoen) en in Europa (US$1,9 biljoen). De diensten per hoofd in Azië waren groter dan in Afrika (US$235,7); maar minder dan in Oceanië (US$3,9 duizend), in Amerika (US$3,5 duizend) en in Europa (US$2,4 duizend). De groei van de diensten in Azië was groter dan in Oceanië (4,0%), in Afrika (3,9%), in Europa (3,0%) en in Amerika (2,8%).

Subregio's. De toegevoegde waarde van de diensten in Azië in de jaren 1980 bestond uit: Oost-Azië (74,0%), Zuidwest-Azië (11,0%), Zuid-Azië (10,0%) en Zuidoost-Azië (5,1%). Het aandeel van de diensten in de economie van subregio's: Oost-Azië (31,1%), Zuidwest-Azië (28,8%), Zuid-Azië (25,9%) en Zuidoost-Azië (20,4%). De diensten per hoofd van de bevolking in subregio's: Zuidwest-Azië ($961,8), Oost-Azië ($577,2), Zuidoost-Azië ($128,3) en Zuid-Azië ($94,8). De groei van de diensten in subregio's: Zuidoost-Azië (6,5%), Oost-Azië (6,3%), Zuidwest-Azië (3,1%) en Zuid-Azië (1,2%).

Leiders. De diensten van Azië in de jaren 1980 bestonden uit: Japan (62,2%), India (5,2%), China (4,7%), Saoedi-Arabië (4,1%), Iran (3,4%), en andere (20,4%). Het aandeel van de diensten in economie van de leiders: Japan (34,4%), Saoedi-Arabië (33,6%), Iran (32,3%), India (24,3%) en China (14,3%). De sector van de diensten per hoofd Azië onder de leiders: Japan ($5.111,4), Saoedi-Arabië ($3.212,3), Iran ($731,5), India ($66,3) en China ($44,1). De groei van de diensten onder de leiders: China (13,7%), India (6,7%), Japan (4,8%), Saoedi-Arabië (2,2%) en Iran (-5,8%).

de jaren 1990

De sector van de diensten in Azië bedroeg in de jaren 1990 US$2,5 biljoen per jaar. Het aandeel in de wereld was 22,1%.

Het aandeel van de diensten in de economie van Azië was 33,4% in de jaren 1990, en was vergelijkbaar met Antigua en Barbuda (33,5%), Vanuatu (33,2%), Botswana (33,1%).

De toegevoegde waarde van de diensten per hoofd in Azië was $732,9 in de jaren 1990s, en was vergelijkbaar met Jamaica (US$733,2), de Maldiven (US$737,8). De waarde van de diensten per hoofd in Azië was in 2,7 keer lager dan de diensten per hoofd van de bevolking in de wereld ($2.014,6).

De groei van de diensten in Azië bedroeg 4.5% in de jaren 1990, en was vergelijkbaar met Guatemala (4,4%). De groei van de diensten in Azië (4,5%) was groter dan de groei van de diensten in de wereld (2,7%).

Vergelijking met regio's. De sector van de diensten in Azië was groter dan in Oceanië (US$185,7 miljard) en in Afrika (US$154,3 miljard); maar minder dan in Amerika (US$4,8 biljoen) en in Europa (US$3,8 biljoen). De toegevoegde waarde van de diensten per hoofd in Azië was groter dan in Afrika (US$217,8); maar minder dan in Oceanië (US$6,4 duizend), in Amerika (US$6,2 duizend) en in Europa (US$5,3 duizend). De groei van de diensten in Azië was groter dan in Oceanië (3,6%), in Afrika (2,6%), in Amerika (2,4%) en in Europa (2,1%).

Subregio's. De diensten van Azië in de jaren 1990 bestonden uit: Oost-Azië (81,0%), Zuidwest-Azië (7,5%), Zuid-Azië (5,6%), Zuidoost-Azië (5,5%) en Centraal-Azië (0,43%). Het aandeel van de diensten in de economie van subregio's: Oost-Azië (35,3%), Zuidwest-Azië (30,7%), Zuid-Azië (25,6%), Zuidoost-Azië (24,5%) en Centraal-Azië (24,0%). De diensten per hoofd van de bevolking in subregio's: Oost-Azië ($1.411,7), Zuidwest-Azië ($1.163,8), Zuidoost-Azië ($290,4), Centraal-Azië ($208,7) en Zuid-Azië ($107,8). De groei van de diensten in subregio's: Zuid-Azië (6,1%), Zuidoost-Azië (5,0%), Oost-Azië (4,3%), Zuidwest-Azië (3,8%) en Centraal-Azië (-4,1%).

Leiders. De waarde van de diensten in Azië in de jaren 1990 bestond uit: Japan (63,7%), Zuid-Korea (5,5%), China (5,5%), India (3,3%), Hongkong (2,6%), en andere (19,5%). Het aandeel van de diensten in economie van de leiders: Hongkong (50,3%), Japan (37,5%), Zuid-Korea (34,5%), India (25,9%) en China (19,3%). De waarde van de diensten per hoofd in Azië onder de leiders: Japan ($12.820,4), Hongkong ($10.712,7), Zuid-Korea ($3.101,8), China ($112,3) en India ($87,3). De groei van de diensten onder de leiders: China (10,0%), India (7,7%), Zuid-Korea (7,1%), Hongkong (6,0%) en Japan (1,7%).

de jaren 2000

De toegevoegde waarde van de diensten in Azië bedroeg in de jaren 2000 US$4,2 biljoen per jaar. Het aandeel in de wereld was 21,6%.

Het aandeel van de diensten in de economie van Azië was 34,4% in de jaren 2000, en was vergelijkbaar met Polen (34,4%), Belize (34,5%), Centraal-Amerika (34,6%).

De waarde van de diensten per hoofd in Azië was $1.071,6 in de jaren 2000s, en was vergelijkbaar met Equatoriaal-Guinea (US$1.069,6), Nauru (US$1.051,8), Micronesië (US$1.093,7). De waarde van de diensten per hoofd in Azië was in 2,8 keer lager dan de diensten per hoofd van de bevolking in de wereld ($3.011,2).

De groei van de diensten in Azië bedroeg 5.5% in de jaren 2000, en was vergelijkbaar met Oost-Azië (5,4%). De groei van de diensten in Azië (5,5%) was groter dan de groei van de diensten in de wereld (2,9%).

Vergelijking met regio's. De diensten van Azië waren groter dan in Oceanië (US$370,5 miljard) en in Afrika (US$284,9 miljard); maar minder dan in Amerika (US$8,3 biljoen) en in Europa (US$6,4 biljoen). De waarde van de diensten per hoofd in Azië was groter dan in Afrika (US$314,3); maar minder dan in Oceanië (US$11,1 duizend), in Amerika (US$9,4 duizend) en in Europa (US$8,8 duizend). De groei van de diensten in Azië was groter dan in Afrika (5,1%), in Oceanië (3,2%), in Amerika (2,2%) en in Europa (2,0%).

Subregio's. De sector van de diensten in Azië in de jaren 2000 bestond uit: Oost-Azië (75,3%), Zuidwest-Azië (10,0%), Zuid-Azië (8,4%), Zuidoost-Azië (5,7%) en Centraal-Azië (0,60%). Het aandeel van de diensten in de economie van subregio's: Oost-Azië (37,2%), Zuidwest-Azië (30,0%), Zuid-Azië (29,1%), Centraal-Azië (25,9%) en Zuidoost-Azië (24,2%). De diensten per hoofd van de bevolking in subregio's: Zuidwest-Azië ($2.074,9), Oost-Azië ($2.046,1), Zuidoost-Azië ($436,6), Centraal-Azië ($434,4) en Zuid-Azië ($224,8). De groei van de diensten in subregio's: Centraal-Azië (7,3%), Zuid-Azië (6,1%), Oost-Azië (5,4%), Zuidoost-Azië (5,3%) en Zuidwest-Azië (5,0%).

Leiders. De sector van de diensten in Azië in de jaren 2000 bestond uit: Japan (46,3%), China (16,2%), Zuid-Korea (7,1%), India (5,5%), Turkije (3,0%), en andere (21,9%). Het aandeel van de diensten in economie van de leiders: Japan (42,1%), Zuid-Korea (39,5%), Turkije (31,6%), India (30,7%) en China (26,5%). De waarde van de diensten per hoofd in Azië onder de leiders: Japan ($15.302,2), Zuid-Korea ($6.190,4), Turkije ($1.908,5), China ($517,4) en India ($204,9). De groei van de diensten onder de leiders: China (11,6%), India (7,1%), Zuid-Korea (4,8%), Turkije (3,6%) en Japan (1,2%).

de jaren 2010

De waarde van de diensten in Azië bedroeg in de jaren 2010 US$9,4 biljoen per jaar. Het aandeel in de wereld was 28,8%.

Het aandeel van de diensten in de economie van Azië was 35,2% in de jaren 2010, en was vergelijkbaar met Guatemala (35,1%), de Turks- en Caicoseilanden (35,4%).

De waarde van de diensten per hoofd in Azië was $2.137,6 in de jaren 2010s, en was vergelijkbaar met Namibië (US$2,1 duizend), Nauru (US$2,2 duizend), de Dominicaanse Republiek (US$2,2 duizend). De diensten per hoofd in Azië waren in 2,1 keer lager dan de diensten per hoofd van de bevolking in de wereld ($4.467,8).

De groei van de diensten in Azië bedroeg 5.4% in de jaren 2010, en was vergelijkbaar met Malawi (5,4%), Oost-Azië (5,4%). De groei van de diensten in Azië (5,4%) was groter dan de groei van de diensten in de wereld (2,7%).

Vergelijking met regio's. De toegevoegde waarde van de diensten in Azië was 3,7% groter dan in Europa (US$9,1 biljoen), 11,9 keer groter dan in Oceanië (US$794,2 miljard) en 15,3 keer groter dan in Afrika (US$617,1 miljard); maar 26,7% minder dan in Amerika (US$12,8 biljoen). De toegevoegde waarde van de diensten per hoofd in Azië was 4,0 keer groter dan in Afrika (US$528,2); maar 9,5 keer minder dan in Oceanië (US$20,2 duizend), 6,2 keer minder dan in Amerika (US$13,2 duizend) en 5,7 keer minder dan in Europa (US$12,2 duizend). De groei van de diensten in Azië was groter dan in Afrika (3,4%), in Oceanië (2,9%), in Amerika (1,8%) en in Europa (1,3%).

Subregio's. De sector van de diensten in Azië in de jaren 2010 bestond uit: Oost-Azië (71,8%), Zuid-Azië (10,4%), Zuidwest-Azië (10,3%), Zuidoost-Azië (6,7%) en Centraal-Azië (0,78%). Het aandeel van de diensten in de economie van subregio's: Oost-Azië (37,8%), Zuidwest-Azië (32,4%), Zuid-Azië (32,1%), Centraal-Azië (26,3%) en Zuidoost-Azië (25,4%). De diensten per hoofd van de bevolking in subregio's: Oost-Azië ($4.123,3), Zuidwest-Azië ($3.817,0), Centraal-Azië ($1.087,7), Zuidoost-Azië ($1.008,0) en Zuid-Azië ($540,2). De groei van de diensten in subregio's: Zuid-Azië (6,8%), Zuidoost-Azië (5,5%), Oost-Azië (5,4%), Centraal-Azië (5,1%) en Zuidwest-Azië (4,0%).

Leiders. De sector van de diensten in Azië in de jaren 2010 bestond uit: China (37,6%), Japan (24,1%), India (7,2%), Zuid-Korea (5,9%), Turkije (2,6%), en andere (22,5%). Het aandeel van de diensten in economie van de leiders: Japan (43,7%), Zuid-Korea (41,8%), China (33,8%), India (33,7%) en Turkije (32,8%). De waarde van de diensten per hoofd in Azië onder de leiders: Japan ($17.771,8), Zuid-Korea ($10.949,9), Turkije ($3.178,7), China ($2.529,2) en India ($523,5). De groei van de diensten onder de leiders: China (8,4%), India (7,8%), Turkije (5,1%), Zuid-Korea (3,4%) en Japan (0,99%).

Part III. Externe betrekkingen

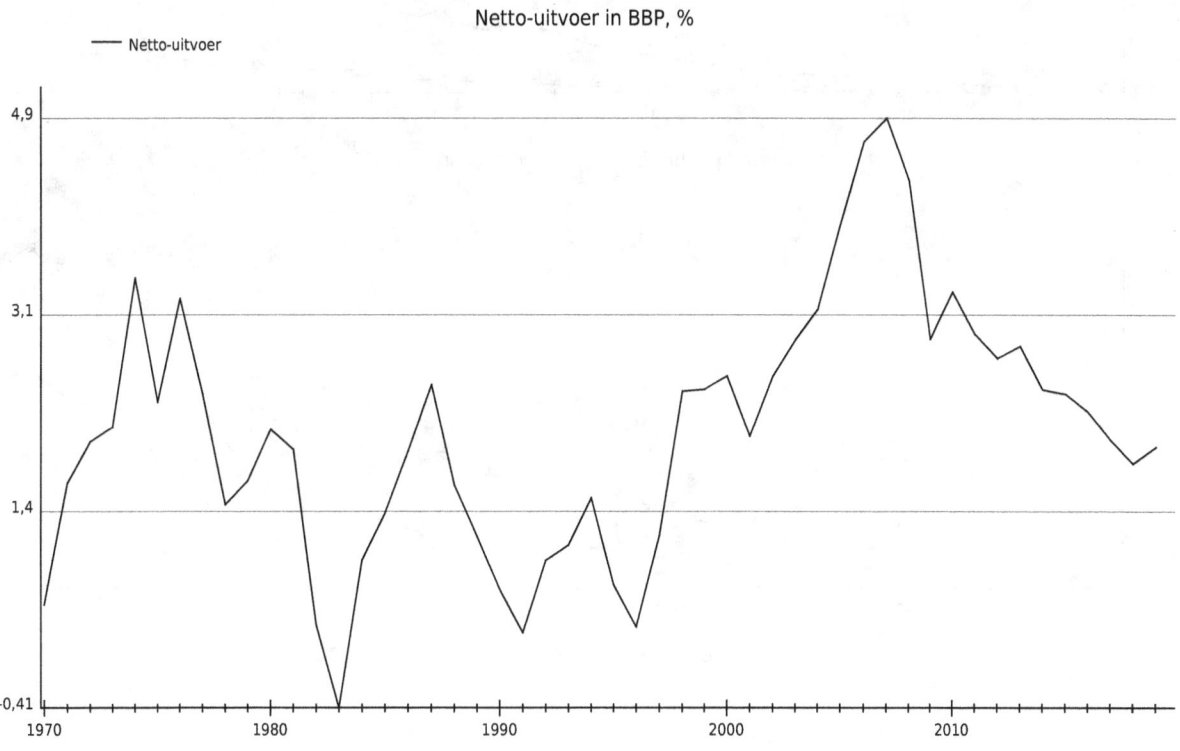

Netto-uitvoer in BBP, %

Hoofdstuk X. Uitvoer

Uitvoer van goederen en diensten

De uitvoer van Azië steeg van US$210,9 miljard per jaar in de jaren 1970 tot US$8,7 biljoen per jaar in de jaren 2010, dat wil zeggen met US$8,4 biljoen of 41,1 keer. De verandering vond plaats op US$6,1 biljoen als gevolg van een 3,4-voudige stijging van de prijzen, en ook op US$2,2 biljoen als gevolg van een 6,4-voudige toename van het tarief per hoofd , evenals op US$189,5 miljard als gevolg van de toename van de bevolking. De gemiddelde jaarlijkse groei van de export is 6,5%. De minimumwaarde van de export bedroeg US$58,7 miljard in 1970. De maximumwaarde van de export bedroeg US$9,7 biljoen in 2018.

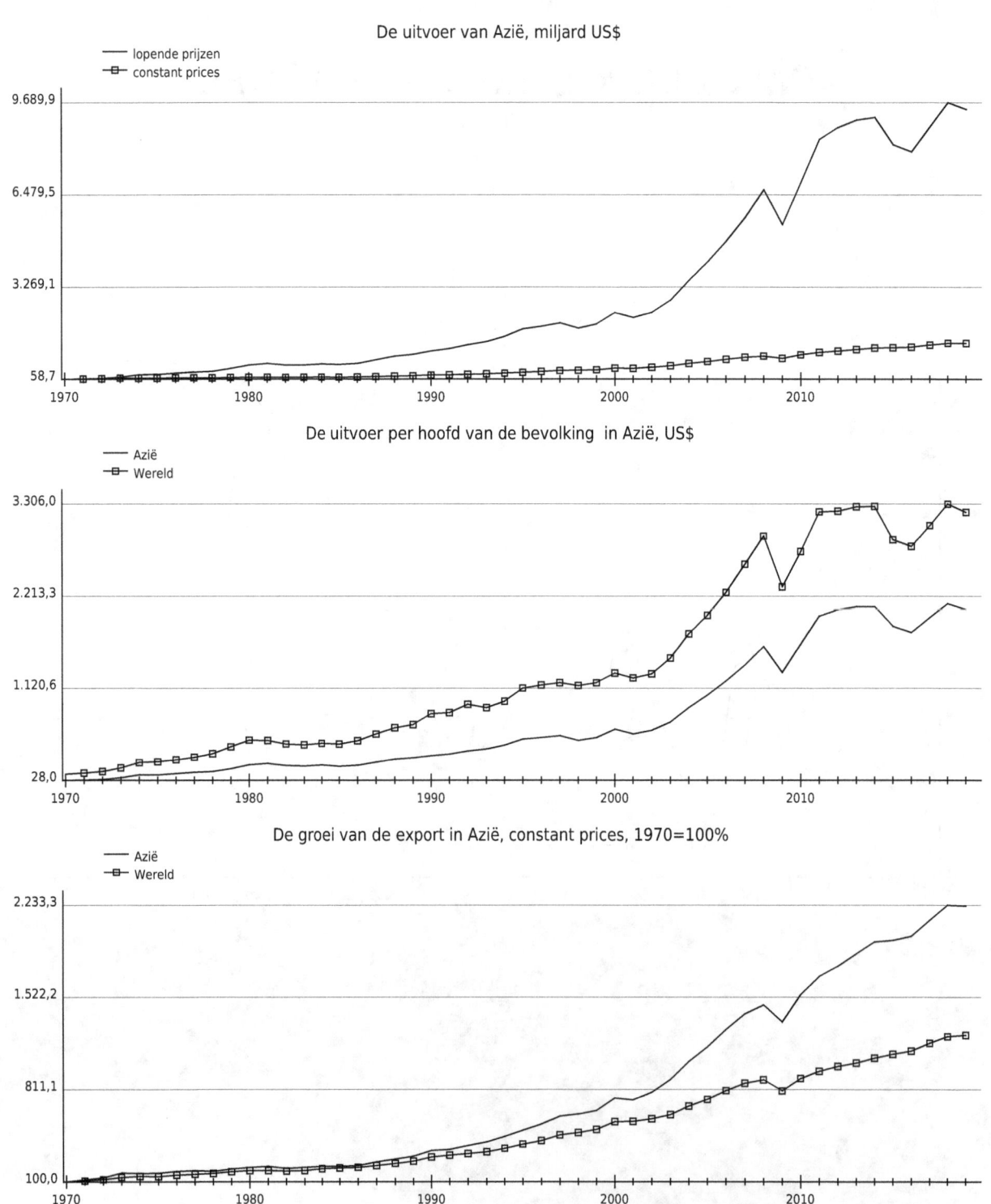

De uitvoer van Azië, miljard US$

De uitvoer per hoofd van de bevolking in Azië, US$

De groei van de export in Azië, constant prices, 1970=100%

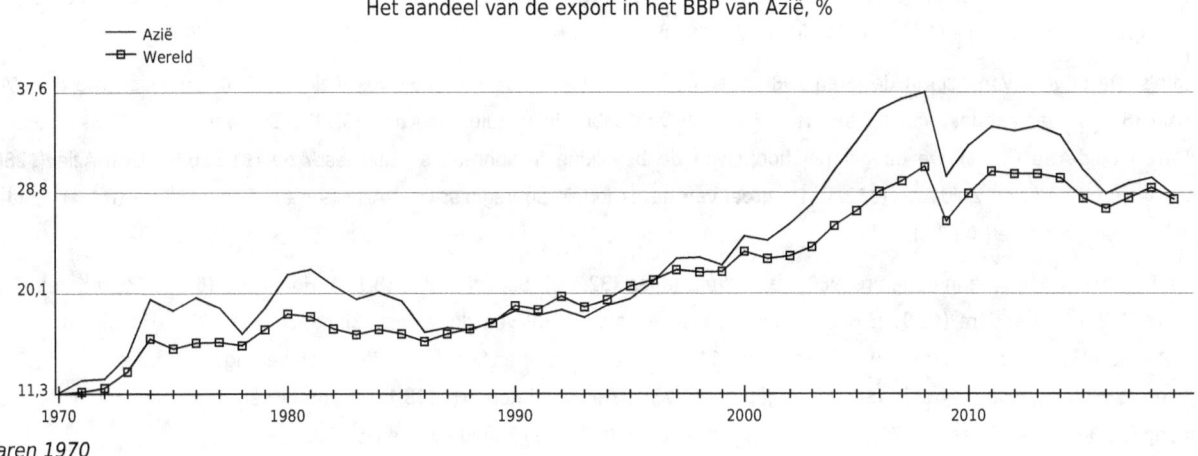

Het aandeel van de export in het BBP van Azië, %

de jaren 1970

De waarde van de export in Azië bedroeg in de jaren 1970 US$210,9 miljard per jaar. Het aandeel in de wereld was 21,6%.

Het aandeel van de export in het BBP van Azië was 17,3% in de jaren 1970, en was vergelijkbaar met Zuid-Europa (17,4%), Egypte (17,4%).

De uitvoer per hoofd in Azië was $90,8 in de jaren 1970s, en was vergelijkbaar met Colombia (US$90,7), Zuidoost-Azië (US$92,4). De waarde van de export per hoofd in Azië was in 2,7 keer lager dan de export per hoofd van de bevolking in de wereld ($242,1).

De groei van de export in Azië bedroeg 7.9% in de jaren 1970, en was vergelijkbaar met Macau (7,9%), Italië (8,0%). De groei van de export in Azië (7,9%) was groter dan de groei van de export in de wereld (6,5%).

Vergelijking met regio's. De waarde van de export in Azië was groter dan in Afrika (US$56,2 miljard) en in Oceanië (US$18,8 miljard); maar minder dan in Europa (US$469,2 miljard) en in Amerika (US$222,4 miljard). De waarde van de export per hoofd in Azië was minder dan in Oceanië (US$882,5), in Europa (US$646,7), in Amerika (US$397,2) en in Afrika (US$137,0). De groei van de export in Azië was groter dan in Amerika (6,4%), in Europa (6,1%), in Afrika (5,7%) en in Oceanië (4,4%).

Subregio's. De waarde van de export in Azië in de jaren 1970 bestond uit: Oost-Azië (45,8%), Zuidwest-Azië (29,1%), Zuidoost-Azië (13,8%) en Zuid-Azië (11,3%). Het aandeel van de export in het BBP van subregio's: Zuidwest-Azië (36,1%), Zuidoost-Azië (31,8%), Zuid-Azië (13,2%) en Oost-Azië (12,4%). De uitvoer per hoofd van de bevolking in subregio's: Zuidwest-Azië ($726,2), Zuidoost-Azië ($92,4), Oost-Azië ($88,1) en Zuid-Azië ($28,9). De groei van de export in subregio's: Oost-Azië (10,2%), Zuidwest-Azië (9,6%), Zuidoost-Azië (9,6%) en Zuid-Azië (-1,3%).

Leiders. De uitvoer van Azië in de jaren 1970 bestond uit: Japan (30,4%), Saoedi-Arabië (12,9%), Iran (7,3%), Hongkong (4,6%), Koeweit (3,9%), en andere (40,9%). Het aandeel van de export in BBP van de leiders: Hongkong (86,8%), Koeweit (75,7%), Saoedi-Arabië (59,2%), Iran (31,8%) en Japan (11,5%). De uitvoer per hoofd in Azië onder de leiders: Koeweit ($8.225,0), Saoedi-Arabië ($3.712,0), Hongkong ($2.277,9), Japan ($575,8) en Iran ($473,9). De groei van de export onder de leiders: Saoedi-Arabië (13,0%), Japan (8,6%), Hongkong (8,3%), Koeweit (-0,90%) en Iran (-3,0%).

de jaren 1980

De waarde van de export in Azië bedroeg in de jaren 1980 US$649,8 miljard per jaar, en was vergelijkbaar met West-Europa (US$637,3 miljard). Het aandeel in de wereld was 25,4%.

Het aandeel van de export in het BBP van Azië was 18,7% in de jaren 1980, en was vergelijkbaar met Frans-Polynesië (18,8%).

De uitvoer per hoofd in Azië was $229,0 in de jaren 1980s, en was vergelijkbaar met Kaapverdië (US$226,7), de FS van Micronesië (US$226,2), Centraal-Afrika (US$224,2). De uitvoer per hoofd in Azië was in 2,3 keer lager dan de export per hoofd van de bevolking in de wereld ($529,9).

De groei van de export in Azië bedroeg 4.1% in de jaren 1980, en was vergelijkbaar met België (4,1%), Zweden (4,1%). De groei van de export in Azië (4,1%) was groter dan de groei van de export in de wereld (3,8%).

Vergelijking met regio's. De uitvoer van Azië was groter dan in Amerika (US$590,0 miljard), in Afrika (US$109,1 miljard) en in Oceanië (US$44,1 miljard); maar minder dan in Europa (US$1,2 biljoen). De waarde van de export per hoofd in Azië was groter dan in Afrika

(US$201,4); maar minder dan in Oceanië (US$1.779,0), in Europa (US$1.521,7) en in Amerika (US$890,9). De groei van de export in Azië was groter dan in Europa (4,0%) en in Afrika (-0,87%); maar minder dan in Amerika (5,1%) en in Oceanië (4,3%).

Subregio's. De uitvoer van Azië in de jaren 1980 bestond uit: Oost-Azië (56,3%), Zuidwest-Azië (23,0%), Zuidoost-Azië (15,5%) en Zuid-Azië (5,2%). Het aandeel van de export in het BBP van subregio's: Zuidoost-Azië (39,7%), Zuidwest-Azië (38,3%), Oost-Azië (15,2%) en Zuid-Azië (8,1%). De uitvoer per hoofd van de bevolking in subregio's: Zuidwest-Azië ($1.316,5), Oost-Azië ($286,3), Zuidoost-Azië ($253,4) en Zuid-Azië ($32,3). De groei van de export in subregio's: Oost-Azië (9,6%), Zuidoost-Azië (6,9%), Zuid-Azië (0,49%) en Zuidwest-Azië (-0,88%).

Leiders. De uitvoer van Azië in de jaren 1980 bestond uit: Japan (32,4%), Saoedi-Arabië (8,1%), Hongkong (6,7%), Zuid-Korea (5,6%), Singapore (5,2%), en andere (41,9%). Het aandeel van de export in BBP van de leiders: Singapore (172,7%), Hongkong (105,6%), Saoedi-Arabië (43,7%), Zuid-Korea (29,9%) en Japan (11,6%). De uitvoer per hoofd in Azië onder de leiders: Singapore ($12.730,8), Hongkong ($8.264,0), Saoedi-Arabië ($4.162,6), Japan ($1.736,5) en Zuid-Korea ($898,1). De groei van de export onder de leiders: Hongkong (12,8%), Zuid-Korea (11,6%), Singapore (11,2%), Japan (6,7%) en Saoedi-Arabië (-5,5%).

de jaren 1990

De uitvoer van Azië bedroeg in de jaren 1990 US$1,6 biljoen per jaar. Het aandeel in de wereld was 27,0%.

Het aandeel van de export in het BBP van Azië was 20,4% in de jaren 1990, en was vergelijkbaar met Oost-Timor (20,4%), Oceanië (20,4%), de Wereld (20,5%).

De uitvoer per hoofd in Azië was $456,7 in de jaren 1990s, en was vergelijkbaar met Libanon (US$453,0), Honduras (US$451,3). De uitvoer per hoofd in Azië was in 2,3 keer lager dan de export per hoofd van de bevolking in de wereld ($1.029,5).

De groei van de export in Azië bedroeg 8.1% in de jaren 1990, en was vergelijkbaar met Israël (8,1%), de Dominicaanse Republiek (8,1%), de Maldiven (8,2%). De groei van de export in Azië (8,1%) was groter dan de groei van de export in de wereld (6,9%).

Vergelijking met regio's. De waarde van de export in Azië was groter dan in Amerika (US$1,3 biljoen), in Afrika (US$143,2 miljard) en in Oceanië (US$91,1 miljard); maar minder dan in Europa (US$2,8 biljoen). De uitvoer per hoofd in Azië was groter dan in Afrika (US$202,1); maar minder dan in Europa (US$3,8 duizend), in Oceanië (US$3,2 duizend) en in Amerika (US$1.662,5). De groei van de export in Azië was groter dan in Amerika (7,3%), in Oceanië (7,2%), in Europa (6,5%) en in Afrika (2,5%).

Subregio's. De uitvoer van Azië in de jaren 1990 bestond uit: Oost-Azië (60,2%), Zuidoost-Azië (21,2%), Zuidwest-Azië (12,8%), Zuid-Azië (4,8%) en Centraal-Azië (1,1%). Het aandeel van de export in het BBP van subregio's: Zuidoost-Azië (58,7%), Centraal-Azië (35,9%), Zuidwest-Azië (30,7%), Oost-Azië (16,2%) en Zuid-Azië (12,6%). De uitvoer per hoofd van de bevolking in subregio's: Zuidwest-Azië ($1.228,5), Zuidoost-Azië ($696,7), Oost-Azië ($654,0), Centraal-Azië ($320,5) en Zuid-Azië ($57,7). De groei van de export in subregio's: Zuidoost-Azië (9,8%), Oost-Azië (9,1%), Zuid-Azië (6,8%), Zuidwest-Azië (5,2%) en Centraal-Azië (-5,9%).

Leiders. De waarde van de export in Azië in de jaren 1990 bestond uit: Japan (26,5%), Hongkong (10,0%), China (8,4%), Singapore (7,9%), Zuid-Korea (7,7%), en andere (39,6%). Het aandeel van de export in BBP van de leiders: Singapore (171,0%), Hongkong (118,1%), Zuid-Korea (27,2%), China (18,5%) en Japan (9,7%). De waarde van de export per hoofd in Azië onder de leiders: Singapore ($35.765,6), Hongkong ($26.074,8), Japan ($3.320,8), Zuid-Korea ($2.692,0) en China ($107,8). De groei van de export onder de leiders: China (17,5%), Zuid-Korea (13,5%), Singapore (10,6%), Hongkong (7,8%) en Japan (4,2%).

de jaren 2000

De uitvoer van Azië bedroeg in de jaren 2000 US$4,0 biljoen per jaar. Het aandeel in de wereld was 31,8%.

Het aandeel van de export in het BBP van Azië was 31,8% in de jaren 2000, en was vergelijkbaar met Jemen (31,9%), Zambia (31,9%).

De waarde van de export per hoofd in Azië was $1.011,8 in de jaren 2000s, en was vergelijkbaar met Melanesië (US$1.019,4), Servië (US$1.003,1). De uitvoer per hoofd in Azië was 47,7% lager dan de export per hoofd van de bevolking in de wereld ($1.933,7).

De groei van de export in Azië bedroeg 7.5% in de jaren 2000, en was vergelijkbaar met Kosovo (7,4%), de Maldiven (7,5%). De groei van de export in Azië (7,5%) was groter dan de groei van de export in de wereld (4,8%).

Vergelijking met regio's. De waarde van de export in Azië was groter dan in Amerika (US$2,4 biljoen), in Afrika (US$361,2 miljard) en in Oceanië (US$183,2 miljard); maar minder dan in Europa (US$5,6 biljoen). De uitvoer per hoofd in Azië was groter dan in Afrika (US$398,4); maar minder dan in Europa (US$7,6 duizend), in Oceanië (US$5,5 duizend) en in Amerika (US$2,8 duizend). De groei van de export in Azië was groter dan in Afrika (5,3%), in Europa (3,8%), in Oceanië (3,0%) en in Amerika (2,9%).

Subregio's. De uitvoer van Azië in de jaren 2000 bestond uit: Oost-Azië (56,7%), Zuidoost-Azië (19,2%), Zuidwest-Azië (16,3%), Zuid-Azië (6,5%) en Centraal-Azië (1,3%). Het aandeel van de export in het BBP van subregio's: Zuidoost-Azië (75,3%), Centraal-Azië (48,8%), Zuidwest-Azië (43,9%), Oost-Azië (26,2%) en Zuid-Azië (20,0%). De uitvoer per hoofd van de bevolking in subregio's: Zuidwest-Azië ($3.201,5), Oost-Azië ($1.455,3), Zuidoost-Azië ($1.376,7), Centraal-Azië ($858,1) en Zuid-Azië ($165,0). De groei van de export in subregio's: Zuid-Azië (9,2%), Oost-Azië (8,9%), Centraal-Azië (7,7%), Zuidoost-Azië (6,7%) en Zuidwest-Azië (3,9%).

Leiders. De waarde van de export in Azië in de jaren 2000 bestond uit: China (19,5%), Japan (15,7%), Zuid-Korea (7,8%), Hongkong (7,6%), Singapore (7,0%), en andere (42,4%). Het aandeel van de export in BBP van de leiders: Singapore (208,4%), Hongkong (164,2%), Zuid-Korea (37,4%), China (30,1%) en Japan (13,4%). De waarde van de export per hoofd in Azië onder de leiders: Singapore ($64.015,7), Hongkong ($45.100,9), Zuid-Korea ($6.469,5), Japan ($4.886,4) en China ($588,1). De groei van de export onder de leiders: China (12,7%), Zuid-Korea (10,0%), Singapore (7,9%), Hongkong (7,6%) en Japan (3,5%).

de jaren 2010

De waarde van de export in Azië bedroeg in de jaren 2010 US$8,7 biljoen per jaar. Het aandeel in de wereld was 38,1%.

Het aandeel van de export in het BBP van Azië was 31,6% in de jaren 2010, en was vergelijkbaar met Israël (31,6%), Chili (31,6%), Armenië (31,5%).

De uitvoer per hoofd in Azië was $1.964,3 in de jaren 2010s, en was vergelijkbaar met Zuid-Afrika (US$1.967,6), Zuidelijk Afrika (US$1.971,2), Libanon (US$1.976,2). De waarde van de export per hoofd in Azië was 36,6% lager dan de export per hoofd van de bevolking in de wereld ($3.098,9).

De groei van de export in Azië bedroeg 5.3% in de jaren 2010, en was vergelijkbaar met Singapore (5,3%), Costa Rica (5,3%). De groei van de export in Azië (5,3%) was groter dan de groei van de export in de wereld (4,4%).

Vergelijking met regio's. De uitvoer van Azië was 2,1 keer groter dan in Amerika (US$4,1 biljoen), 13,9 keer groter dan in Afrika (US$624,2 miljard) en 23,0 keer groter dan in Oceanië (US$376,8 miljard); maar 3,6% minder dan in Europa (US$9,0 biljoen). De uitvoer per hoofd in Azië was 3,7 keer groter dan in Afrika (US$534,3); maar 6,1 keer minder dan in Europa (US$12,1 duizend), 4,9 keer minder dan in Oceanië (US$9,6 duizend) en 2,1 keer minder dan in Amerika (US$4,2 duizend). De groei van de export in Azië was groter dan in Europa (4,4%), in Oceanië (3,9%), in Amerika (3,6%) en in Afrika (-1,2%).

Subregio's. De waarde van de export in Azië in de jaren 2010 bestond uit: Oost-Azië (55,9%), Zuidoost-Azië (18,6%), Zuidwest-Azië (16,5%), Zuid-Azië (7,7%) en Centraal-Azië (1,3%). Het aandeel van de export in het BBP van subregio's: Zuidoost-Azië (62,4%), Zuidwest-Azië (45,8%), Centraal-Azië (38,6%), Oost-Azië (26,8%) en Zuid-Azië (20,3%). De uitvoer per hoofd van de bevolking in subregio's: Zuidwest-Azië ($5.612,6), Oost-Azië ($2.953,6), Zuidoost-Azië ($2.551,2), Centraal-Azië ($1.711,9) en Zuid-Azië ($365,5). De groei van de export in subregio's: Zuidoost-Azië (5,8%), Oost-Azië (5,6%), Zuid-Azië (4,2%), Zuidwest-Azië (4,2%) en Centraal-Azië (3,9%).

Leiders. De waarde van de export in Azië in de jaren 2010 bestond uit: China (26,5%), Japan (9,9%), Zuid-Korea (7,6%), Hongkong (6,9%), Singapore (6,7%), en andere (42,4%). Het aandeel van de export in BBP van de leiders: Hongkong (198,9%), Singapore (184,0%), Zuid-Korea (45,4%), China (21,8%) en Japan (16,4%). De waarde van de export per hoofd in Azië onder de leiders: Singapore ($104.878,8), Hongkong ($83.279,8), Zuid-Korea ($13.025,1), Japan ($6.718,2) en China ($1.635,3). De groei van de export onder de leiders: China (6,8%), Singapore (5,3%), Zuid-Korea (5,0%), Japan (4,6%) en Hongkong (3,6%).

Hoofdstuk XI. Invoer

Invoer van goederen en diensten

De invoer van Azië steeg van US$184,9 miljard per jaar in de jaren 1970 tot US$8,0 biljoen per jaar in de jaren 2010, dat wil zeggen met US$7,8 biljoen of 43,2 keer. De verandering vond plaats op US$5,6 biljoen als gevolg van een 3,3-voudige stijging van de prijzen, en ook op US$2,1 biljoen als gevolg van een 6,9-voudige toename van het tarief per hoofd , evenals op US$166,2 miljard als gevolg van de toename van de bevolking. De gemiddelde jaarlijkse groei van de invoer is 6,8%. De minimumwaarde van de invoer bedroeg US$56,0 miljard in 1970. De maximumwaarde van de invoer bedroeg US$9,1 biljoen in 2018.

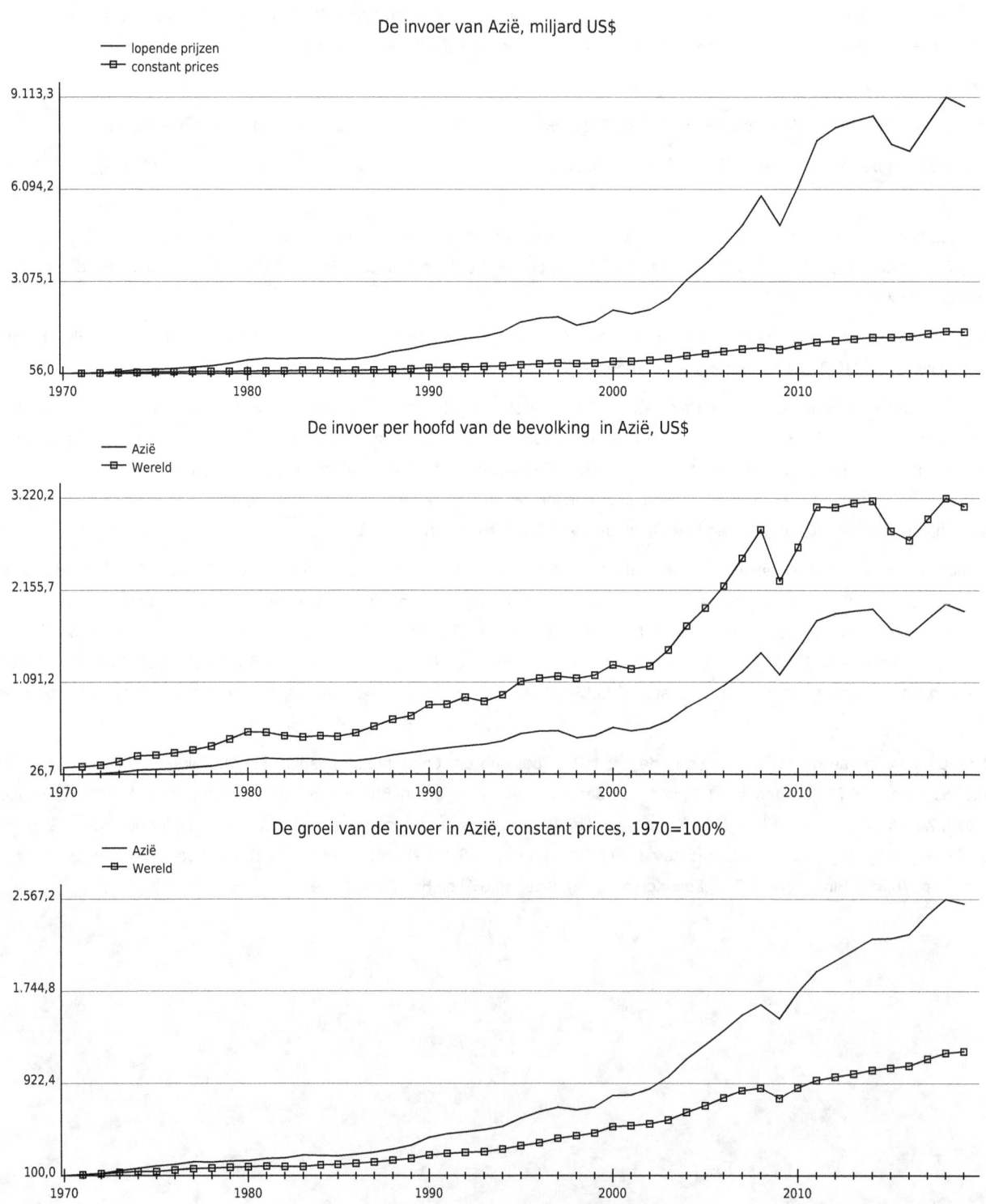

De invoer van Azië, miljard US$

De invoer per hoofd van de bevolking in Azië, US$

De groei van de invoer in Azië, constant prices, 1970=100%

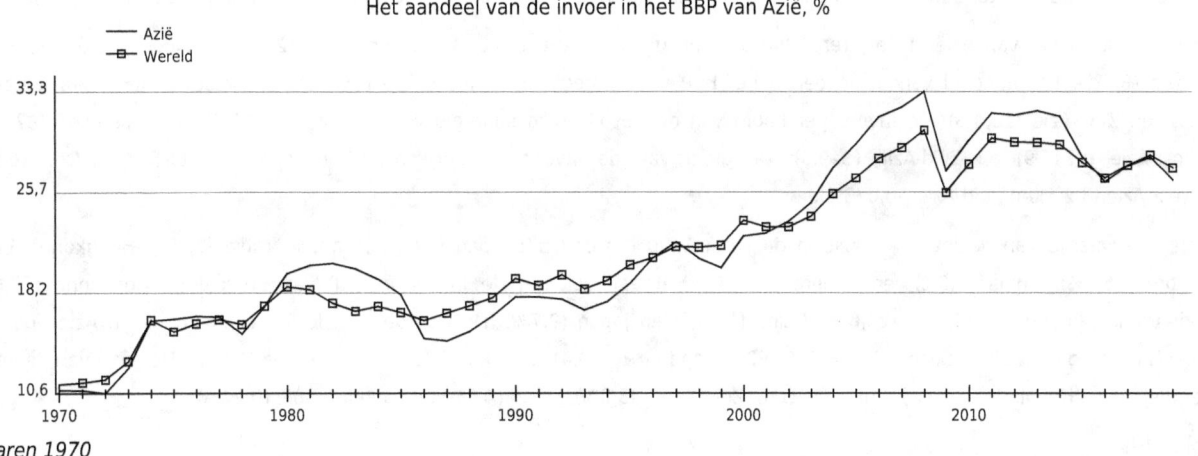
Het aandeel van de invoer in het BBP van Azië, %

de jaren 1970

De invoer van Azië bedroeg in de jaren 1970 US$184,9 miljard per jaar. Het aandeel in de wereld was 18,7%.

Het aandeel van de invoer in het BBP van Azië was 15,2% in de jaren 1970, en was vergelijkbaar met de Wereld (15,1%).

De waarde van de invoer per hoofd in Azië was $79,6 in de jaren 1970s, en was vergelijkbaar met Benin (US$81,4). De invoer per hoofd in Azië was in 3,1 keer lager dan de invoer per hoofd van de bevolking in de wereld ($244,3).

De groei van de invoer in Azië bedroeg 9.6% in de jaren 1970. De groei van de invoer in Azië (9,6%) was groter dan de groei van de invoer in de wereld (6,3%).

Vergelijking met regio's. De invoer van Azië was groter dan in Afrika (US$58,5 miljard) en in Oceanië (US$19,5 miljard); maar minder dan in Europa (US$487,7 miljard) en in Amerika (US$236,1 miljard). De invoer per hoofd in Azië was minder dan in Oceanië (US$913,9), in Europa (US$672,3), in Amerika (US$421,7) en in Afrika (US$142,6). De groei van de invoer in Azië was groter dan in Afrika (6,7%), in Amerika (5,4%), in Europa (5,4%) en in Oceanië (2,8%).

Subregio's. De waarde van de invoer in Azië in de jaren 1970 bestond uit: Oost-Azië (51,0%), Zuidwest-Azië (21,4%), Zuidoost-Azië (15,6%) en Zuid-Azië (12,1%). Het aandeel van de invoer in het BBP van subregio's: Zuidoost-Azië (31,4%), Zuidwest-Azië (23,3%), Zuid-Azië (12,4%) en Oost-Azië (12,1%). De invoer per hoofd van de bevolking in subregio's: Zuidwest-Azië ($468,1), Zuidoost-Azië ($91,2), Oost-Azië ($86,0) en Zuid-Azië ($27,0). De groei van de invoer in subregio's: Zuidwest-Azië (12,1%), Zuidoost-Azië (9,8%), Oost-Azië (8,9%) en Zuid-Azië (8,2%).

Leiders. De waarde van de invoer in Azië in de jaren 1970 bestond uit: Japan (33,0%), Saoedi-Arabië (7,3%), Iran (6,4%), Hongkong (4,9%), Singapore (4,6%), en andere (43,8%). Het aandeel van de invoer in BBP van de leiders: Singapore (159,9%), Hongkong (82,0%), Saoedi-Arabië (29,3%), Iran (24,5%) en Japan (10,9%). De waarde van de invoer per hoofd in Azië onder de leiders: Singapore ($3.796,1), Hongkong ($2.151,7), Saoedi-Arabië ($1.839,8), Japan ($547,6) en Iran ($365,1). De groei van de invoer onder de leiders: Saoedi-Arabië (17,9%), Iran (12,1%), Singapore (10,3%), Hongkong (10,0%) en Japan (7,0%).

de jaren 1980

De waarde van de invoer in Azië bedroeg in de jaren 1980 US$601,2 miljard per jaar. Het aandeel in de wereld was 23,1%.

Het aandeel van de invoer in het BBP van Azië was 17,3% in de jaren 1980, en was vergelijkbaar met Ethiopië (17,3%), de Wereld (17,3%), Somalië (17,5%).

De invoer per hoofd in Azië was $211,9 in de jaren 1980s, en was vergelijkbaar met Zimbabwe (US$212,2), Guinee-Bissau (US$211,0), Afrika (US$208,0). De waarde van de invoer per hoofd in Azië was in 2,5 keer lager dan de invoer per hoofd van de bevolking in de wereld ($539,1).

De groei van de invoer in Azië bedroeg 4.9% in de jaren 1980, en was vergelijkbaar met Finland (4,9%), Tonga (4,9%), Italië (4,9%). De groei van de invoer in Azië (4,9%) was groter dan de groei van de invoer in de wereld (3,8%).

Vergelijking met regio's. De waarde van de invoer in Azië was groter dan in Afrika (US$112,7 miljard) en in Oceanië (US$49,3 miljard); maar minder dan in Europa (US$1,2 biljoen) en in Amerika (US$652,3 miljard). De waarde van de invoer per hoofd in Azië was groter dan in Afrika (US$208,0); maar minder dan in Oceanië (US$1.987,8), in Europa (US$1.550,8) en in Amerika (US$984,9). De groei van de invoer in Azië was groter dan in Europa (4,1%), in Amerika (3,8%) en in Afrika (-3,1%); maar minder dan in Oceanië (5,7%).

Subregio's. De invoer van Azië in de jaren 1980 bestond uit: Oost-Azië (53,6%), Zuidwest-Azië (21,7%), Zuidoost-Azië (16,0%) en Zuid-Azië (8,6%). Het aandeel van de invoer in het BBP van subregio's: Zuidoost-Azië (38,1%), Zuidwest-Azië (33,4%), Oost-Azië (13,4%) en Zuid-Azië (12,4%). De invoer per hoofd van de bevolking in subregio's: Zuidwest-Azië ($1.150,0), Oost-Azië ($252,2), Zuidoost-Azië ($242,9) en Zuid-Azië ($49,6). De groei van de invoer in subregio's: Zuidoost-Azië (7,1%), Oost-Azië (6,9%), Zuidwest-Azië (3,2%) en Zuid-Azië (-0,073%).

Leiders. De waarde van de invoer in Azië in de jaren 1980 bestond uit: Japan (29,3%), Saoedi-Arabië (7,4%), Hongkong (6,8%), Zuid-Korea (5,8%), China (5,6%), en andere (45,2%). Het aandeel van de invoer in BBP van de leiders: Hongkong (98,6%), Saoedi-Arabië (36,7%), Zuid-Korea (28,6%), China (10,3%) en Japan (9,7%). De waarde van de invoer per hoofd in Azië onder de leiders: Hongkong ($7.720,1), Saoedi-Arabië ($3.492,2), Japan ($1.450,4), Zuid-Korea ($859,4) en China ($31,7). De groei van de invoer onder de leiders: Hongkong (12,3%), China (10,5%), Zuid-Korea (8,8%), Japan (4,6%) en Saoedi-Arabië (0,24%).

de jaren 1990

De invoer van Azië bedroeg in de jaren 1990 US$1,5 biljoen per jaar. Het aandeel in de wereld was 25,7%.

Het aandeel van de invoer in het BBP van Azië was 19,2% in de jaren 1990, en was vergelijkbaar met Australië (19,2%), Italië (19,3%).

De invoer per hoofd in Azië was $430,1 in de jaren 1990s, en was vergelijkbaar met Roemenië (US$430,2), de Filipijnen (US$431,5). De waarde van de invoer per hoofd in Azië was in 2,4 keer lager dan de invoer per hoofd van de bevolking in de wereld ($1.015,5).

De groei van de invoer in Azië bedroeg 6.8% in de jaren 1990, en was vergelijkbaar met Thailand (6,8%). De groei van de invoer in Azië (6,8%) was groter dan de groei van de invoer in de wereld (6,6%).

Vergelijking met regio's. De invoer van Azië was groter dan in Amerika (US$1,4 biljoen), in Afrika (US$149,7 miljard) en in Oceanië (US$93,8 miljard); maar minder dan in Europa (US$2,7 biljoen). De waarde van de invoer per hoofd in Azië was groter dan in Afrika (US$211,4); maar minder dan in Europa (US$3,7 duizend), in Oceanië (US$3,2 duizend) en in Amerika (US$1.812,7). De groei van de invoer in Azië was groter dan in Oceanië (6,2%), in Europa (5,9%) en in Afrika (3,8%); maar minder dan in Amerika (8,2%).

Subregio's. De waarde van de invoer in Azië in de jaren 1990 bestond uit: Oost-Azië (57,8%), Zuidoost-Azië (21,8%), Zuidwest-Azië (13,2%), Zuid-Azië (5,7%) en Centraal-Azië (1,3%). Het aandeel van de invoer in het BBP van subregio's: Zuidoost-Azië (57,0%), Centraal-Azië (42,5%), Zuidwest-Azië (30,0%), Oost-Azië (14,6%) en Zuid-Azië (14,2%). De invoer per hoofd van de bevolking in subregio's: Zuidwest-Azië ($1.199,8), Zuidoost-Azië ($676,3), Oost-Azië ($591,9), Centraal-Azië ($378,9) en Zuid-Azië ($65,2). De groei van de invoer in subregio's: Zuidoost-Azië (8,9%), Oost-Azië (7,2%), Zuidwest-Azië (4,3%), Zuid-Azië (4,2%) en Centraal-Azië (-12,2%).

Leiders. De waarde van de invoer in Azië in de jaren 1990 bestond uit: Japan (23,9%), Hongkong (10,5%), Zuid-Korea (8,0%), China (7,8%), Singapore (7,6%), en andere (42,3%). Het aandeel van de invoer in BBP van de leiders: Singapore (155,6%), Hongkong (116,5%), Zuid-Korea (26,6%), China (16,2%) en Japan (8,2%). De invoer per hoofd in Azië onder de leiders: Singapore ($32.529,7), Hongkong ($25.706,7), Japan ($2.822,9), Zuid-Korea ($2.634,7) en China ($94,0). De groei van de invoer onder de leiders: China (16,0%), Singapore (10,6%), Zuid-Korea (9,8%), Hongkong (8,7%) en Japan (3,3%).

de jaren 2000

De waarde van de invoer in Azië bedroeg in de jaren 2000 US$3,6 biljoen per jaar. Het aandeel in de wereld was 28,7%.

Het aandeel van de invoer in het BBP van Azië was 28,2% in de jaren 2000, en was vergelijkbaar met Noorwegen (28,2%), Sierra Leone (28,1%), Guinee-Bissau (28,4%).

De invoer per hoofd in Azië was $898,2 in de jaren 2000s, en was vergelijkbaar met Oekraïne (US$912,6). De invoer per hoofd in Azië was in 2,1 keer lager dan de invoer per hoofd van de bevolking in de wereld ($1.899,9).

De groei van de invoer in Azië bedroeg 7.8% in de jaren 2000, en was vergelijkbaar met Singapore (7,7%), Bulgarije (7,7%), Chili (7,7%). De groei van de invoer in Azië (7,8%) was groter dan de groei van de invoer in de wereld (5,1%).

Vergelijking met regio's. De invoer van Azië was groter dan in Amerika (US$2,9 biljoen), in Afrika (US$334,8 miljard) en in Oceanië (US$194,7 miljard); maar minder dan in Europa (US$5,3 biljoen). De waarde van de invoer per hoofd in Azië was groter dan in Afrika (US$369,3); maar minder dan in Europa (US$7,3 duizend), in Oceanië (US$5,8 duizend) en in Amerika (US$3,4 duizend). De groei van de invoer in Azië was groter dan in Afrika (7,6%), in Oceanië (6,6%), in Europa (4,0%) en in Amerika (3,5%).

Subregio's. De waarde van de invoer in Azië in de jaren 2000 bestond uit: Oost-Azië (56,8%), Zuidoost-Azië (19,3%), Zuidwest-Azië (14,5%), Zuid-Azië (8,3%) en Centraal-Azië (1,2%). Het aandeel van de invoer in het BBP van subregio's: Zuidoost-Azië (67,2%), Centraal-Azië (40,0%), Zuidwest-Azië (34,6%), Oost-Azië (23,3%) en Zuid-Azië (22,6%). De invoer per hoofd van de bevolking in subregio's: Zuidwest-Azië ($2.519,7), Oost-Azië ($1.294,0), Zuidoost-Azië ($1.228,2), Centraal-Azië ($703,4) en Zuid-Azië ($186,2). De groei van de invoer in subregio's: Zuid-Azië (10,5%), Oost-Azië (7,6%), Zuidwest-Azië (7,5%), Zuidoost-Azië (7,1%) en Centraal-Azië (5,7%).

Leiders. De invoer van Azië in de jaren 2000 bestond uit: China (18,1%), Japan (16,0%), Zuid-Korea (8,4%), Hongkong (8,1%), Singapore (6,9%), en andere (42,5%). Het aandeel van de invoer in BBP van de leiders: Singapore (183,9%), Hongkong (155,4%), Zuid-Korea (35,7%), China (24,7%) en Japan (12,1%). De invoer per hoofd in Azië onder de leiders: Singapore ($56.490,1), Hongkong ($42.676,6), Zuid-Korea ($6.181,3), Japan ($4.418,9) en China ($483,3). De groei van de invoer onder de leiders: China (15,1%), Zuid-Korea (8,1%), Singapore (7,7%), Hongkong (7,0%) en Japan (1,8%).

de jaren 2010

De waarde van de invoer in Azië bedroeg in de jaren 2010 US$8,0 biljoen per jaar. Het aandeel in de wereld was 36,1%.

Het aandeel van de invoer in het BBP van Azië was 29,2% in de jaren 2010, en was vergelijkbaar met Oeganda (29,2%), Niger (29,2%), de Comoren (29,3%).

De invoer per hoofd in Azië was $1.813,7 in de jaren 2010s, en was vergelijkbaar met Irak (US$1.812,7), Azerbeidzjan (US$1.791,7), Melanesië (US$1.835,8). De waarde van de invoer per hoofd in Azië was 39,9% lager dan de invoer per hoofd van de bevolking in de wereld ($3.015,6).

De groei van de invoer in Azië bedroeg 5.4% in de jaren 2010, en was vergelijkbaar met Centraal-Amerika (5,3%), Zuid-Korea (5,3%), Belize (5,3%). De groei van de invoer in Azië (5,4%) was groter dan de groei van de invoer in de wereld (4,4%).

Vergelijking met regio's. De waarde van de invoer in Azië was 68,0% groter dan in Amerika (US$4,8 biljoen), 11,6 keer groter dan in Afrika (US$691,8 miljard) en 21,3 keer groter dan in Oceanië (US$375,7 miljard); maar 3,6% minder dan in Europa (US$8,3 biljoen). De invoer per hoofd in Azië was 3,1 keer groter dan in Afrika (US$592,1); maar 6,1 keer minder dan in Europa (US$11,1 duizend), 5,3 keer minder dan in Oceanië (US$9,6 duizend) en 2,7 keer minder dan in Amerika (US$4,9 duizend). De groei van de invoer in Azië was groter dan in Europa (4,3%), in Amerika (3,3%) en in Afrika (2,0%); maar minder dan in Oceanië (5,7%).

Subregio's. De invoer van Azië in de jaren 2010 bestond uit: Oost-Azië (56,2%), Zuidoost-Azië (18,5%), Zuidwest-Azië (14,4%), Zuid-Azië (9,7%) en Centraal-Azië (1,1%). Het aandeel van de invoer in het BBP van subregio's: Zuidoost-Azië (57,4%), Zuidwest-Azië (37,0%), Centraal-Azië (29,9%), Oost-Azië (24,8%) en Zuid-Azië (23,8%). De invoer per hoofd van de bevolking in subregio's: Zuidwest-Azië ($4.534,2), Oost-Azië ($2.740,7), Zuidoost-Azië ($2.347,1), Centraal-Azië ($1.325,8) en Zuid-Azië ($428,5). De groei van de invoer in subregio's: Zuidoost-Azië (6,2%), Centraal-Azië (6,1%), Oost-Azië (6,0%), Zuidwest-Azië (4,0%) en Zuid-Azië (2,5%).

Leiders. De waarde van de invoer in Azië in de jaren 2010 bestond uit: China (25,9%), Japan (11,0%), Zuid-Korea (7,5%), Hongkong (7,4%), India (6,8%), en andere (41,4%). Het aandeel van de invoer in BBP van de leiders: Hongkong (197,2%), Zuid-Korea (41,2%), India (24,7%), China (19,7%) en Japan (16,8%). De invoer per hoofd in Azië onder de leiders: Hongkong ($82.557,8), Zuid-Korea ($11.797,0), Japan ($6.862,7), China ($1.475,4) en India ($419,4). De groei van de invoer onder de leiders: China (8,2%), Zuid-Korea (5,3%), India (4,6%), Hongkong (3,9%) en Japan (3,8%).

Part IV. Verbruik

Hoofdstuk XII. Overheidsuitgaven

Consumptie-uitgaven van de overheid

De overheidsuitgaven van Azië steeg van US$160,1 miljard per jaar in de jaren 1970 tot US$4,3 biljoen per jaar in de jaren 2010, dat wil zeggen met US$4,1 biljoen of 26,7 keer. De verandering vond plaats op US$3,1 biljoen als gevolg van een 3,7-voudige stijging van de prijzen, en ook op US$842,0 miljard als gevolg van een 3,8-voudige toename van het tarief per hoofd , evenals op US$143,9 miljard als gevolg van de toename van de bevolking. De gemiddelde jaarlijkse groei van de overheidsuitgaven is 5,3%. De minimumwaarde van de overheidsuitgaven bedroeg US$55,9 miljard in 1970. De maximumwaarde van de overheidsuitgaven bedroeg US$5,3 biljoen in 2019.

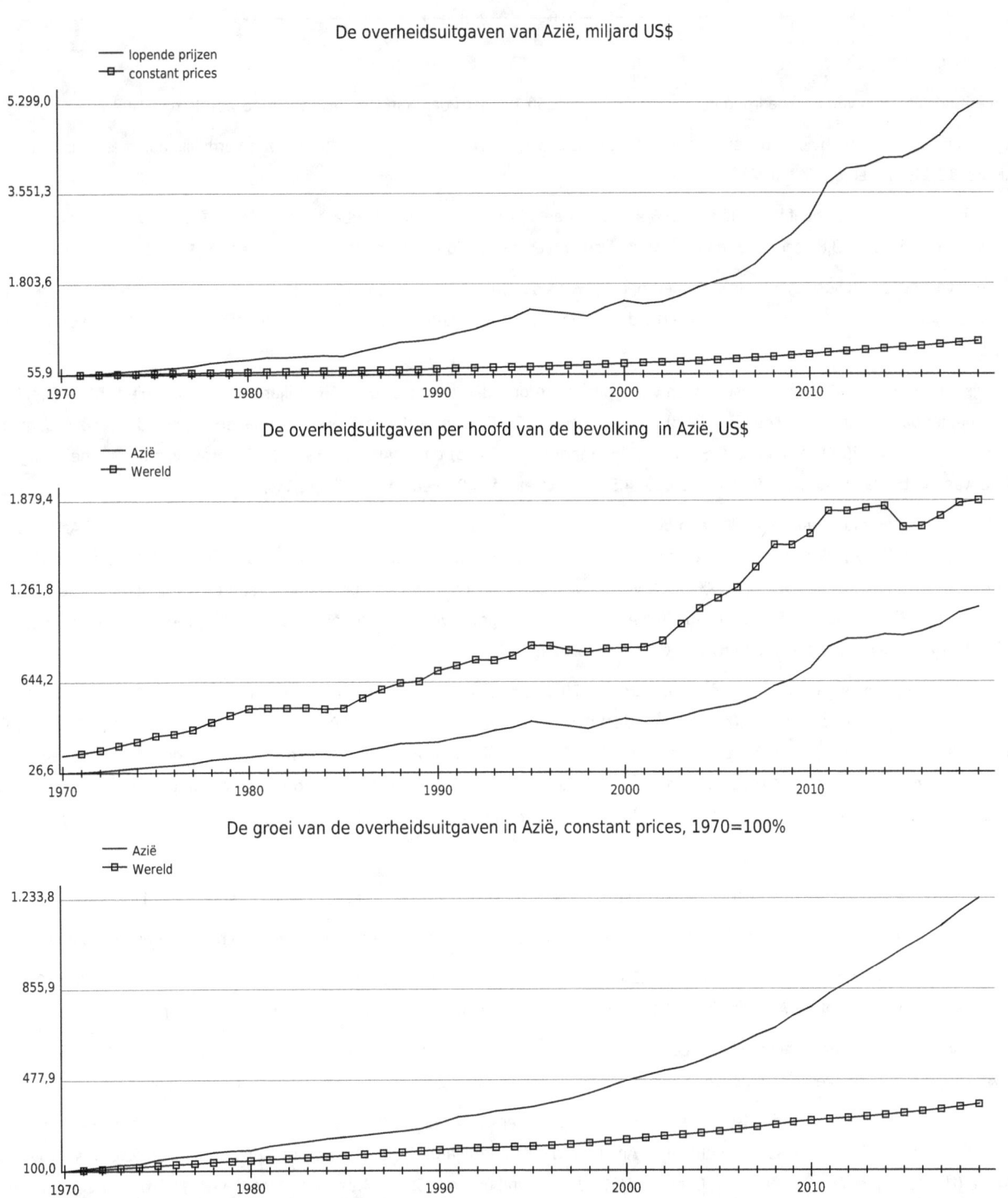

De overheidsuitgaven van Azië, miljard US$

De overheidsuitgaven per hoofd van de bevolking in Azië, US$

De groei van de overheidsuitgaven in Azië, constant prices, 1970=100%

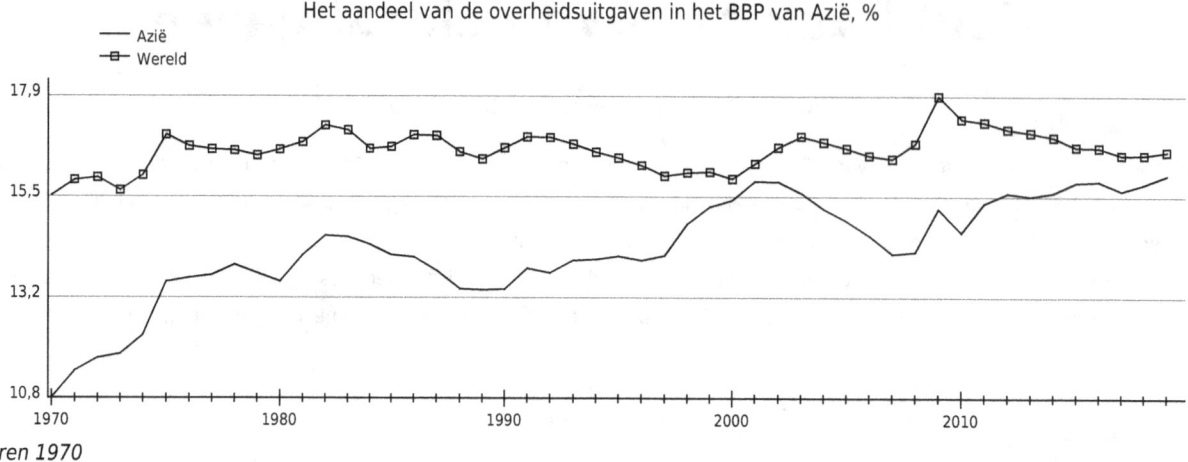

Het aandeel van de overheidsuitgaven in het BBP van Azië, %

de jaren 1970

De overheidsuitgaven van Azië bedroeg in de jaren 1970 US$160,1 miljard per jaar. Het aandeel in de wereld was 14,9%.

Het aandeel van de overheidsuitgaven in het BBP van Azië was 13,1% in de jaren 1970, en was vergelijkbaar met Aruba (13,1%), Ethiopië (13,1%), Algerije (13,2%).

De overheidsuitgaven per hoofd in Azië was $68,9 in de jaren 1970s, en was vergelijkbaar met Irak (US$70,7). De overheidsuitgaven per hoofd in Azië was in 3,8 keer lager dan de overheidsuitgaven per hoofd van de bevolking in de wereld ($265,2).

De groei van de overheidsuitgaven in Azië bedroeg 6.9% in de jaren 1970, en was vergelijkbaar met Tunesië (6,8%), Griekenland (6,9%), Singapore (6,9%). De groei van de overheidsuitgaven in Azië (6,9%) was groter dan de groei van de overheidsuitgaven in de wereld (3,7%).

Vergelijking met regio's. De overheidsuitgaven van Azië was groter dan in Afrika (US$31,6 miljard) en in Oceanië (US$19,6 miljard); maar minder dan in Europa (US$492,5 miljard) en in Amerika (US$366,9 miljard). De overheidsuitgaven per hoofd in Azië was minder dan in Oceanië (US$920,9), in Europa (US$678,9), in Amerika (US$655,5) en in Afrika (US$77,1). De groei van de overheidsuitgaven in Azië was groter dan in Afrika (4,9%), in Europa (4,5%), in Oceanië (3,9%) en in Amerika (2,1%).

Subregio's. De overheidsuitgaven van Azië in de jaren 1970 bestond uit: Oost-Azië (64,5%), Zuidwest-Azië (15,9%), Zuid-Azië (13,4%) en Zuidoost-Azië (6,1%). Het aandeel van de overheidsuitgaven in het BBP van subregio's: Zuidwest-Azië (15,0%), Oost-Azië (13,3%), Zuid-Azië (11,9%) en Zuidoost-Azië (10,6%). De overheidsuitgaven per hoofd van de bevolking in subregio's: Zuidwest-Azië ($302,2), Oost-Azië ($94,3), Zuidoost-Azië ($31,0) en Zuid-Azië ($26,0). De groei van de overheidsuitgaven in subregio's: Zuid-Azië (9,5%), Zuidoost-Azië (9,0%), Zuidwest-Azië (8,5%) en Oost-Azië (5,9%).

Leiders. De overheidsuitgaven van Azië in de jaren 1970 bestond uit: Japan (48,7%), China (12,1%), Iran (6,4%), India (5,8%), Saoedi-Arabië (5,2%), en andere (21,8%). Het aandeel van de overheidsuitgaven in BBP van de leiders: Iran (21,0%), Saoedi-Arabië (18,2%), Japan (14,0%), China (12,4%) en India (9,3%). De overheidsuitgaven per hoofd in Azië onder de leiders: Saoedi-Arabië ($1.144,0), Japan ($700,2), Iran ($312,9), China ($21,2) en India ($15,1). De groei van de overheidsuitgaven onder de leiders: Saoedi-Arabië (16,0%), Iran (14,8%), China (9,3%), Japan (5,3%) en India (4,5%).

de jaren 1980

De overheidsuitgaven van Azië bedroeg in de jaren 1980 US$482,6 miljard per jaar. Het aandeel in de wereld was 19,1%.

Het aandeel van de overheidsuitgaven in het BBP van Azië was 13,9% in de jaren 1980, en was vergelijkbaar met El Salvador (14,0%).

De overheidsuitgaven per hoofd in Azië was $170,1 in de jaren 1980s, en was vergelijkbaar met de Salomonseilanden (US$170,9). De overheidsuitgaven per hoofd in Azië was in 3,1 keer lager dan de overheidsuitgaven per hoofd van de bevolking in de wereld ($523,5).

De groei van de overheidsuitgaven in Azië bedroeg 4.2% in de jaren 1980, en was vergelijkbaar met Sri Lanka (4,1%), de Comoren (4,2%). De groei van de overheidsuitgaven in Azië (4,2%) was groter dan de groei van de overheidsuitgaven in de wereld (2,7%).

Vergelijking met regio's. De overheidsuitgaven van Azië was groter dan in Afrika (US$69,5 miljard) en in Oceanië (US$47,4 miljard); maar minder dan in Europa (US$1,1 biljoen) en in Amerika (US$852,4 miljard). De overheidsuitgaven per hoofd in Azië was groter dan in Afrika (US$128,3); maar minder dan in Oceanië (US$1.914,7), in Europa (US$1.404,9) en in Amerika (US$1.287,2). De groei van de overheidsuitgaven in Azië was groter dan in Oceanië (3,4%), in Amerika (2,5%), in Europa (2,3%) en in Afrika (1,8%).

Subregio's. De overheidsuitgaven van Azië in de jaren 1980 bestond uit: Oost-Azië (68,5%), Zuidwest-Azië (15,6%), Zuid-Azië (10,2%) en Zuidoost-Azië (5,6%). Het aandeel van de overheidsuitgaven in het BBP van subregio's: Zuidwest-Azië (19,3%), Oost-Azië (13,8%), Zuid-Azië (11,7%) en Zuidoost-Azië (10,7%). De overheidsuitgaven per hoofd van de bevolking in subregio's: Zuidwest-Azië ($664,1), Oost-Azië ($258,7), Zuidoost-Azië ($68,4) en Zuid-Azië ($47,1). De groei van de overheidsuitgaven in subregio's: Oost-Azië (4,7%), Zuidoost-Azië (4,3%), Zuidwest-Azië (3,5%) en Zuid-Azië (1,9%).

Leiders. De overheidsuitgaven van Azië in de jaren 1980 bestond uit: Japan (53,3%), China (9,2%), Saoedi-Arabië (6,8%), India (5,4%), Iran (3,7%), en andere (21,5%). Het aandeel van de overheidsuitgaven in BBP van de leiders: Saoedi-Arabië (27,2%), Iran (16,5%), Japan (14,2%), China (13,5%) en India (10,9%). De overheidsuitgaven per hoofd in Azië onder de leiders: Saoedi-Arabië ($2.590,0), Japan ($2.122,5), Iran ($380,2), China ($41,6) en India ($33,8). De groei van de overheidsuitgaven onder de leiders: China (8,2%), India (6,9%), Saoedi-Arabië (3,6%), Japan (3,5%) en Iran (-4,6%).

de jaren 1990

De overheidsuitgaven van Azië bedroeg in de jaren 1990 US$1,1 biljoen per jaar. Het aandeel in de wereld was 23,5%.

Het aandeel van de overheidsuitgaven in het BBP van Azië was 14,2% in de jaren 1990, en was vergelijkbaar met China (14,3%), Cyprus (14,1%).

De overheidsuitgaven per hoofd in Azië was $318,7 in de jaren 1990s, en was vergelijkbaar met Angola (US$317,0), Montenegro (US$315,1), Noord-Macedonië (US$322,5). De overheidsuitgaven per hoofd in Azië was in 2,6 keer lager dan de overheidsuitgaven per hoofd van de bevolking in de wereld ($824,8).

De groei van de overheidsuitgaven in Azië bedroeg 5% in de jaren 1990, en was vergelijkbaar met Aruba (5,0%), Egypte (5,0%), Lesotho (5,0%). De groei van de overheidsuitgaven in Azië (5,0%) was groter dan de groei van de overheidsuitgaven in de wereld (2,0%).

Vergelijking met regio's. De overheidsuitgaven van Azië was groter dan in Afrika (US$89,3 miljard) en in Oceanië (US$81,4 miljard); maar minder dan in Europa (US$1,9 biljoen) en in Amerika (US$1,5 biljoen). De overheidsuitgaven per hoofd in Azië was groter dan in Afrika (US$126,1); maar minder dan in Oceanië (US$2,8 duizend), in Europa (US$2,6 duizend) en in Amerika (US$1.972,7). De groei van de overheidsuitgaven in Azië was groter dan in Oceanië (2,8%), in Afrika (1,6%), in Europa (1,3%) en in Amerika (1,1%).

Subregio's. De overheidsuitgaven van Azië in de jaren 1990 bestond uit: Oost-Azië (77,5%), Zuidwest-Azië (11,0%), Zuid-Azië (5,8%), Zuidoost-Azië (5,0%) en Centraal-Azië (0,64%). Het aandeel van de overheidsuitgaven in het BBP van subregio's: Zuidwest-Azië (18,5%), Centraal-Azië (15,0%), Oost-Azië (14,5%), Zuid-Azië (10,6%) en Zuidoost-Azië (9,7%). De overheidsuitgaven per hoofd van de bevolking in subregio's: Zuidwest-Azië ($741,4), Oost-Azië ($587,9), Centraal-Azië ($133,8), Zuidoost-Azië ($114,9) en Zuid-Azië ($48,9). De groei van de overheidsuitgaven in subregio's: Oost-Azië (5,6%), Zuid-Azië (4,5%), Zuidoost-Azië (4,0%), Zuidwest-Azië (2,5%) en Centraal-Azië (-5,6%).

Leiders. De overheidsuitgaven van Azië in de jaren 1990 bestond uit: Japan (59,0%), China (9,3%), Zuid-Korea (4,3%), India (3,6%), Saoedi-Arabië (3,5%), en andere (20,3%). Het aandeel van de overheidsuitgaven in BBP van de leiders: Saoedi-Arabië (26,9%), Japan (15,1%), China (14,3%), India (11,1%) en Zuid-Korea (10,6%). De overheidsuitgaven per hoofd in Azië onder de leiders: Japan ($5.169,1), Saoedi-Arabië ($2.101,8), Zuid-Korea ($1.050,9), China ($82,9) en India ($42,0). De groei van de overheidsuitgaven onder de leiders: China (12,0%), India (6,1%), Zuid-Korea (5,1%), Japan (3,0%) en Saoedi-Arabië (-0,081%).

de jaren 2000

De overheidsuitgaven van Azië bedroeg in de jaren 2000 US$1,9 biljoen per jaar, en was vergelijkbaar met de Verenigde Staten (US$1,9 biljoen). Het aandeel in de wereld was 24,2%.

Het aandeel van de overheidsuitgaven in het BBP van Azië was 15,0% in de jaren 2000, en was vergelijkbaar met Vanuatu (15,0%), Congo-Brazzaville (15,1%), Libanon (14,9%).

De overheidsuitgaven per hoofd in Azië was $477,4 in de jaren 2000s. De overheidsuitgaven per hoofd in Azië was in 2,5 keer lager dan de overheidsuitgaven per hoofd van de bevolking in de wereld ($1.200,9).

De groei van de overheidsuitgaven in Azië bedroeg 5.3% in de jaren 2000, en was vergelijkbaar met Oost-Afrika (5,2%), Turkmenistan

(5,2%), Bermuda (5,2%). De groei van de overheidsuitgaven in Azië (5,3%) was groter dan de groei van de overheidsuitgaven in de wereld (3,1%).

Vergelijking met regio's. De overheidsuitgaven van Azië was groter dan in Afrika (US$149,4 miljard) en in Oceanië (US$148,1 miljard); maar minder dan in Europa (US$3,0 biljoen) en in Amerika (US$2,6 biljoen). De overheidsuitgaven per hoofd in Azië was groter dan in Afrika (US$164,8); maar minder dan in Oceanië (US$4,4 duizend), in Europa (US$4,2 duizend) en in Amerika (US$2,9 duizend). De groei van de overheidsuitgaven in Azië was groter dan in Afrika (5,0%), in Oceanië (3,1%), in Amerika (2,4%) en in Europa (2,1%).

Subregio's. De overheidsuitgaven van Azië in de jaren 2000 bestond uit: Oost-Azië (73,7%), Zuidwest-Azië (13,0%), Zuid-Azië (7,1%), Zuidoost-Azië (5,6%) en Centraal-Azië (0,64%). Het aandeel van de overheidsuitgaven in het BBP van subregio's: Zuidwest-Azië (16,4%), Oost-Azië (16,0%), Centraal-Azië (11,8%), Zuid-Azië (10,4%) en Zuidoost-Azië (10,3%). De overheidsuitgaven per hoofd van de bevolking in subregio's: Zuidwest-Azië ($1.199,4), Oost-Azië ($892,1), Centraal-Azië ($206,7), Zuidoost-Azië ($188,5) en Zuid-Azië ($85,4). De groei van de overheidsuitgaven in subregio's: Zuidoost-Azië (6,5%), Centraal-Azië (6,0%), Zuid-Azië (5,4%), Oost-Azië (5,1%) en Zuidwest-Azië (5,1%).

Leiders. De overheidsuitgaven van Azië in de jaren 2000 bestond uit: Japan (44,7%), China (19,2%), Zuid-Korea (5,8%), India (4,7%), Saoedi-Arabië (3,6%), en andere (21,9%). Het aandeel van de overheidsuitgaven in BBP van de leiders: Saoedi-Arabië (22,1%), Japan (18,1%), China (14,0%), Zuid-Korea (13,0%) en India (10,7%). De overheidsuitgaven per hoofd in Azië onder de leiders: Japan ($6.586,4), Saoedi-Arabië ($2.919,3), Zuid-Korea ($2.244,8), China ($273,3) en India ($78,2). De groei van de overheidsuitgaven onder de leiders: China (9,3%), India (5,7%), Saoedi-Arabië (5,4%), Zuid-Korea (5,4%) en Japan (1,7%).

de jaren 2010

De overheidsuitgaven van Azië bedroeg in de jaren 2010 US$4,3 biljoen per jaar, en was vergelijkbaar met Europa (US$4,2 biljoen). Het aandeel in de wereld was 32,7%.

Het aandeel van de overheidsuitgaven in het BBP van Azië was 15,6% in de jaren 2010, en was vergelijkbaar met Congo (15,6%), Qatar (15,8%), Curaçao (15,8%).

De overheidsuitgaven per hoofd in Azië was $970,7 in de jaren 2010s, en was vergelijkbaar met Wit-Rusland (US$967,4), Suriname (US$984,6), Fiji (US$991,6). De overheidsuitgaven per hoofd in Azië was 45,6% lager dan de overheidsuitgaven per hoofd van de bevolking in de wereld ($1.785,1).

De groei van de overheidsuitgaven in Azië bedroeg 5.2% in de jaren 2010, en was vergelijkbaar met Colombia (5,2%). De groei van de overheidsuitgaven in Azië (5,2%) was groter dan de groei van de overheidsuitgaven in de wereld (2,3%).

Vergelijking met regio's. De overheidsuitgaven van Azië was 0,81% groter dan in Europa (US$4,2 biljoen), 8,8% groter dan in Amerika (US$3,9 biljoen), 13,0 keer groter dan in Afrika (US$328,3 miljard) en 13,9 keer groter dan in Oceanië (US$308,7 miljard). De overheidsuitgaven per hoofd in Azië was 3,5 keer groter dan in Afrika (US$281,0); maar 8,1 keer minder dan in Oceanië (US$7,9 duizend), 5,9 keer minder dan in Europa (US$5,7 duizend) en 4,2 keer minder dan in Amerika (US$4,0 duizend). De groei van de overheidsuitgaven in Azië was groter dan in Oceanië (3,3%), in Afrika (3,0%), in Europa (0,99%) en in Amerika (0,45%).

Subregio's. De overheidsuitgaven van Azië in de jaren 2010 bestond uit: Oost-Azië (71,4%), Zuidwest-Azië (13,0%), Zuid-Azië (8,1%), Zuidoost-Azië (6,7%) en Centraal-Azië (0,80%). Het aandeel van de overheidsuitgaven in het BBP van subregio's: Zuidwest-Azië (17,8%), Oost-Azië (16,9%), Centraal-Azië (11,3%), Zuidoost-Azië (11,2%) en Zuid-Azië (10,5%). De overheidsuitgaven per hoofd van de bevolking in subregio's: Zuidwest-Azië ($2.186,8), Oost-Azië ($1.863,4), Centraal-Azië ($502,3), Zuidoost-Azië ($456,9) en Zuid-Azië ($189,9). De groei van de overheidsuitgaven in subregio's: Oost-Azië (5,6%), Centraal-Azië (5,1%), Zuid-Azië (4,7%), Zuidoost-Azië (4,5%) en Zuidwest-Azië (3,7%).

Leiders. De overheidsuitgaven van Azië in de jaren 2010 bestond uit: China (39,2%), Japan (24,4%), India (5,5%), Zuid-Korea (5,2%), Saoedi-Arabië (3,9%), en andere (21,8%). Het aandeel van de overheidsuitgaven in BBP van de leiders: Saoedi-Arabië (23,7%), Japan (19,9%), China (16,0%), Zuid-Korea (15,3%) en India (10,7%). De overheidsuitgaven per hoofd in Azië onder de leiders: Japan ($8.152,8), Saoedi-Arabië ($5.344,7), Zuid-Korea ($4.392,7), China ($1.197,3) en India ($181,8). De groei van de overheidsuitgaven onder de leiders: China (8,3%), India (5,7%), Zuid-Korea (4,6%), Saoedi-Arabië (3,1%) en Japan (1,3%).

Hoofdstuk XIII. Huishoudelijke uitgaven

Consumptieve bestedingen van de huishoudens

De huishoudelijke uitgaven van Azië steeg van US$655,8 miljard per jaar in de jaren 1970 tot US$13,1 biljoen per jaar in de jaren 2010, dat wil zeggen met US$12,5 biljoen of 20,0 keer. De verandering vond plaats op US$9,1 biljoen als gevolg van een 3,3-voudige stijging van de prijzen, en ook op US$2,8 biljoen als gevolg van een 3,2-voudige toename van het tarief per hoofd , evenals op US$589,4 miljard als gevolg van de toename van de bevolking. De gemiddelde jaarlijkse groei van de huishoudelijke uitgaven is 4,7%. De minimumwaarde van de huishoudelijke uitgaven bedroeg US$293,4 miljard in 1970. De maximumwaarde van de huishoudelijke uitgaven bedroeg US$15,9 biljoen in 2019.

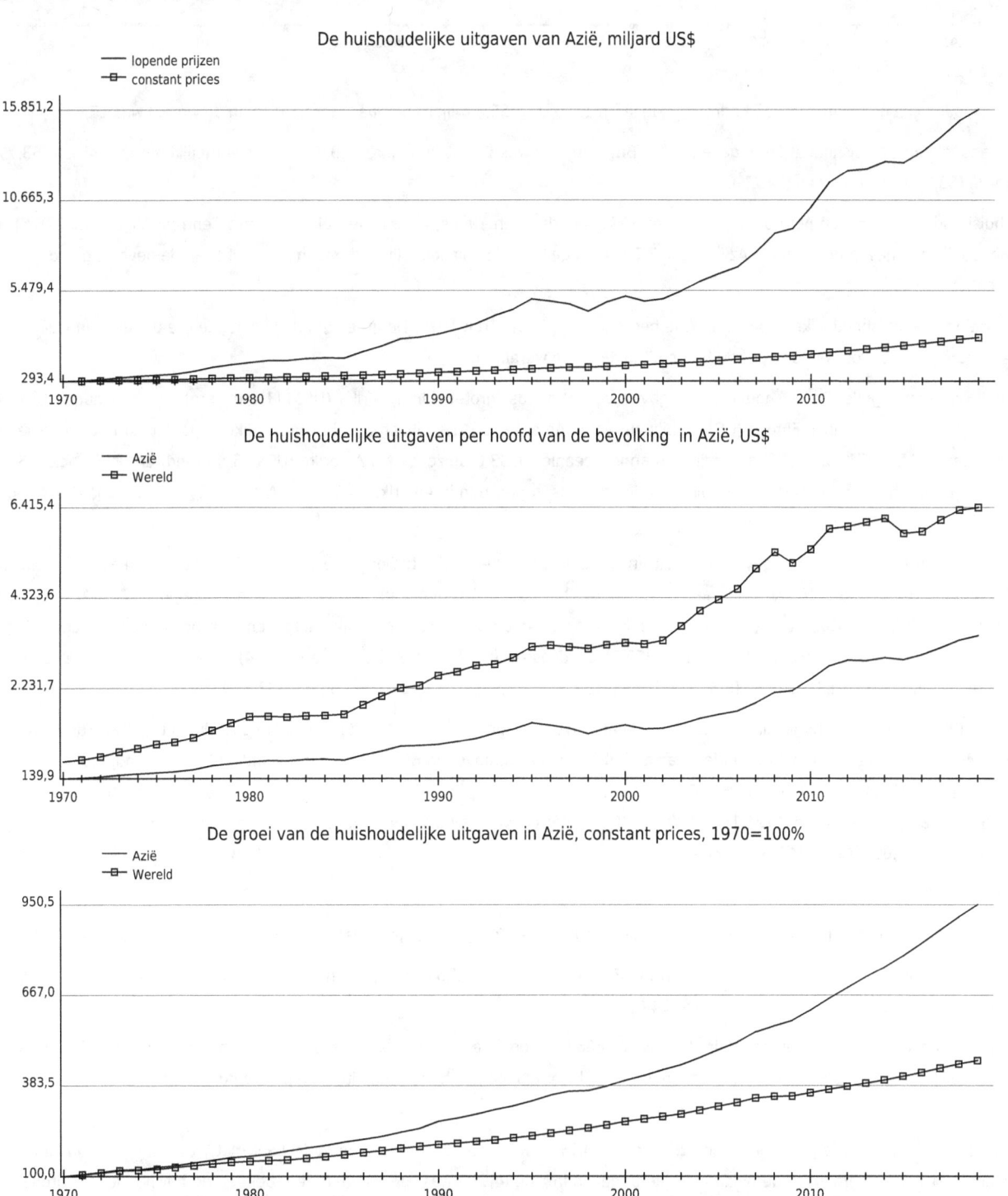

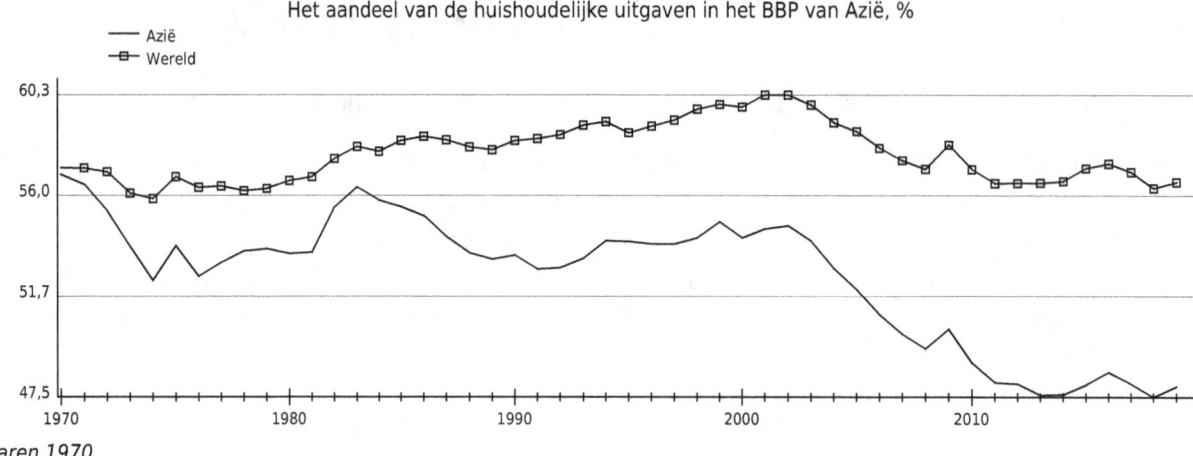

Het aandeel van de huishoudelijke uitgaven in het BBP van Azië, %

de jaren 1970

De huishoudelijke uitgaven van Azië bedroeg in de jaren 1970 US$655,8 miljard per jaar. Het aandeel in de wereld was 17,8%.

Het aandeel van de huishoudelijke uitgaven in het BBP van Azië was 53,8% in de jaren 1970, en was vergelijkbaar met Aruba (53,7%), Maleisië (53,5%), Denemarken (54,1%).

De huishoudelijke uitgaven per hoofd in Azië was $282,4 in de jaren 1970s, en was vergelijkbaar met Centraal-Afrika (US$276,6). De huishoudelijke uitgaven per hoofd in Azië was in 3,2 keer lager dan de huishoudelijke uitgaven per hoofd van de bevolking in de wereld ($914,8).

De groei van de huishoudelijke uitgaven in Azië bedroeg 5.2% in de jaren 1970. De groei van de huishoudelijke uitgaven in Azië (5,2%) was groter dan de groei van de huishoudelijke uitgaven in de wereld (4,1%).

Vergelijking met regio's. De huishoudelijke uitgaven van Azië was groter dan in Afrika (US$111,2 miljard) en in Oceanië (US$64,8 miljard); maar minder dan in Europa (US$1,5 biljoen) en in Amerika (US$1,4 biljoen). De huishoudelijke uitgaven per hoofd in Azië was groter dan in Afrika (US$271,0); maar minder dan in Oceanië (US$3,0 duizend), in Amerika (US$2,5 duizend) en in Europa (US$2,0 duizend). De groei van de huishoudelijke uitgaven in Azië was groter dan in Amerika (4,1%), in Afrika (4,1%), in Europa (3,7%) en in Oceanië (3,1%).

Subregio's. De huishoudelijke uitgaven van Azië in de jaren 1970 bestond uit: Oost-Azië (60,0%), Zuid-Azië (19,4%), Zuidwest-Azië (11,8%) en Zuidoost-Azië (8,7%). Het aandeel van de huishoudelijke uitgaven in het BBP van subregio's: Zuid-Azië (70,6%), Zuidoost-Azië (62,3%), Oost-Azië (50,6%) en Zuidwest-Azië (45,6%). De huishoudelijke uitgaven per hoofd van de bevolking in subregio's: Zuidwest-Azië ($917,3), Oost-Azië ($359,2), Zuidoost-Azië ($181,2) en Zuid-Azië ($154,4). De groei van de huishoudelijke uitgaven in subregio's: Zuidwest-Azië (6,5%), Zuidoost-Azië (6,0%), Oost-Azië (5,3%) en Zuid-Azië (3,3%).

Leiders. De huishoudelijke uitgaven van Azië in de jaren 1970 bestond uit: Japan (42,8%), China (12,1%), India (11,9%), Turkije (6,3%), Iran (3,4%), en andere (23,5%). Het aandeel van de huishoudelijke uitgaven in BBP van de leiders: India (77,8%), Turkije (68,0%), China (50,7%), Japan (50,3%) en Iran (45,8%). De huishoudelijke uitgaven per hoofd in Azië onder de leiders: Japan ($2.523,0), Turkije ($1.063,6), Iran ($682,6), India ($126,1) en China ($86,8). De groei van de huishoudelijke uitgaven onder de leiders: Iran (10,6%), Japan (5,1%), Turkije (5,0%), China (4,3%) en India (2,7%).

de jaren 1980

De huishoudelijke uitgaven van Azië bedroeg in de jaren 1980 US$1,9 biljoen per jaar. Het aandeel in de wereld was 21,6%.

Het aandeel van de huishoudelijke uitgaven in het BBP van Azië was 54,5% in de jaren 1980, en was vergelijkbaar met Indonesië (54,6%), Roemenië (54,4%), Nieuw-Caledonië (54,6%).

De huishoudelijke uitgaven per hoofd in Azië was $666,0 in de jaren 1980s, en was vergelijkbaar met Guyana (US$664,7). De huishoudelijke uitgaven per hoofd in Azië was in 2,7 keer lager dan de huishoudelijke uitgaven per hoofd van de bevolking in de wereld ($1.808,0).

De groei van de huishoudelijke uitgaven in Azië bedroeg 4.7% in de jaren 1980, en was vergelijkbaar met Vietnam (4,6%), India (4,7%), Cambodja (4,7%). De groei van de huishoudelijke uitgaven in Azië (4,7%) was groter dan de groei van de huishoudelijke uitgaven in de wereld (3,0%).

Vergelijking met regio's. De huishoudelijke uitgaven van Azië was groter dan in Afrika (US$269,7 miljard) en in Oceanië (US$144,8 miljard); maar minder dan in Amerika (US$3,4 biljoen) en in Europa (US$3,1 biljoen). De huishoudelijke uitgaven per hoofd in Azië was groter dan in Afrika (US$497,8); maar minder dan in Oceanië (US$5,8 duizend), in Amerika (US$5,1 duizend) en in Europa (US$4,0 duizend). De groei van de huishoudelijke uitgaven in Azië was groter dan in Oceanië (3,1%), in Amerika (2,9%), in Europa (2,3%) en in Afrika (2,3%).

Subregio's. De huishoudelijke uitgaven van Azië in de jaren 1980 bestond uit: Oost-Azië (65,9%), Zuid-Azië (16,2%), Zuidwest-Azië (10,3%) en Zuidoost-Azië (7,5%). Het aandeel van de huishoudelijke uitgaven in het BBP van subregio's: Zuid-Azië (72,9%), Zuidoost-Azië (56,2%), Oost-Azië (51,8%) en Zuidwest-Azië (50,0%). De huishoudelijke uitgaven per hoofd van de bevolking in subregio's: Zuidwest-Azië ($1.720,6), Oost-Azië ($974,5), Zuidoost-Azië ($358,3) en Zuid-Azië ($292,4). De groei van de huishoudelijke uitgaven in subregio's: Oost-Azië (5,0%), Zuidoost-Azië (5,0%), Zuid-Azië (4,0%) en Zuidwest-Azië (3,5%).

Leiders. De huishoudelijke uitgaven van Azië in de jaren 1980 bestond uit: Japan (50,0%), India (9,3%), China (9,0%), Iran (3,7%), Turkije (3,6%), en andere (24,3%). Het aandeel van de huishoudelijke uitgaven in BBP van de leiders: India (73,1%), Iran (66,0%), Turkije (65,8%), Japan (52,1%) en China (51,3%). De huishoudelijke uitgaven per hoofd in Azië onder de leiders: Japan ($7.796,6), Iran ($1.516,2), Turkije ($1.407,3), India ($226,8) en China ($157,8). De groei van de huishoudelijke uitgaven onder de leiders: China (8,8%), India (4,7%), Japan (3,7%), Turkije (2,4%) en Iran (0,98%).

de jaren 1990

De huishoudelijke uitgaven van Azië bedroeg in de jaren 1990 US$4,2 biljoen per jaar. Het aandeel in de wereld was 24,8%.

Het aandeel van de huishoudelijke uitgaven in het BBP van Azië was 53,8% in de jaren 1990, en was vergelijkbaar met de Kaaimaneilanden (53,8%), Slowakije (53,7%), Venezuela (53,6%).

De huishoudelijke uitgaven per hoofd in Azië was $1.208,2 in de jaren 1990s. De huishoudelijke uitgaven per hoofd in Azië was in 2,5 keer lager dan de huishoudelijke uitgaven per hoofd van de bevolking in de wereld ($2.963,9).

De groei van de huishoudelijke uitgaven in Azië bedroeg 4.4% in de jaren 1990, en was vergelijkbaar met Macau (4,3%), Tunesië (4,4%). De groei van de huishoudelijke uitgaven in Azië (4,4%) was groter dan de groei van de huishoudelijke uitgaven in de wereld (3,0%).

Vergelijking met regio's. De huishoudelijke uitgaven van Azië was groter dan in Afrika (US$377,3 miljard) en in Oceanië (US$258,1 miljard); maar minder dan in Amerika (US$6,5 biljoen) en in Europa (US$5,6 biljoen). De huishoudelijke uitgaven per hoofd in Azië was groter dan in Afrika (US$532,7); maar minder dan in Oceanië (US$8,9 duizend), in Amerika (US$8,4 duizend) en in Europa (US$7,7 duizend). De groei van de huishoudelijke uitgaven in Azië was groter dan in Amerika (3,3%), in Oceanië (3,2%), in Afrika (2,6%) en in Europa (1,8%).

Subregio's. De huishoudelijke uitgaven van Azië in de jaren 1990 bestond uit: Oost-Azië (73,4%), Zuid-Azië (9,4%), Zuidwest-Azië (8,9%), Zuidoost-Azië (7,5%) en Centraal-Azië (0,76%). Het aandeel van de huishoudelijke uitgaven in het BBP van subregio's: Centraal-Azië (68,0%), Zuid-Azië (65,6%), Zuidwest-Azië (56,5%), Zuidoost-Azië (54,9%) en Oost-Azië (52,1%). De huishoudelijke uitgaven per hoofd van de bevolking in subregio's: Zuidwest-Azië ($2.263,4), Oost-Azië ($2.110,2), Zuidoost-Azië ($652,5), Centraal-Azië ($606,4) en Zuid-Azië ($301,5). De groei van de huishoudelijke uitgaven in subregio's: Zuidoost-Azië (5,8%), Zuid-Azië (4,5%), Zuidwest-Azië (4,3%), Oost-Azië (4,0%) en Centraal-Azië (-5,6%).

Leiders. De huishoudelijke uitgaven van Azië in de jaren 1990 bestond uit: Japan (54,7%), China (7,9%), India (5,6%), Zuid-Korea (5,5%), Turkije (3,6%), en andere (22,7%). Het aandeel van de huishoudelijke uitgaven in BBP van de leiders: India (64,9%), Turkije (64,7%), Japan (52,9%), Zuid-Korea (51,8%) en China (46,0%). De huishoudelijke uitgaven per hoofd in Azië onder de leiders: Japan ($18.170,3), Zuid-Korea ($5.128,4), Turkije ($2.608,7), China ($267,5) en India ($245,2). De groei van de huishoudelijke uitgaven onder de leiders: China (8,6%), Zuid-Korea (6,3%), India (4,8%), Turkije (4,3%) en Japan (1,8%).

de jaren 2000

De huishoudelijke uitgaven van Azië bedroeg in de jaren 2000 US$6,5 biljoen per jaar. Het aandeel in de wereld was 23,8%.

Het aandeel van de huishoudelijke uitgaven in het BBP van Azië was 51,9% in de jaren 2000.

De huishoudelijke uitgaven per hoofd in Azië was $1.649,6 in de jaren 2000s, en was vergelijkbaar met Thailand (US$1.631,9). De huishoudelijke uitgaven per hoofd in Azië was in 2,6 keer lager dan de huishoudelijke uitgaven per hoofd van de bevolking in de wereld ($4.208,2).

De groei van de huishoudelijke uitgaven in Azië bedroeg 4.4% in de jaren 2000, en was vergelijkbaar met Thailand (4,4%), Peru (4,5%). De groei van de huishoudelijke uitgaven in Azië (4,4%) was groter dan de groei van de huishoudelijke uitgaven in de wereld (3,0%).

Vergelijking met regio's. De huishoudelijke uitgaven van Azië was groter dan in Afrika (US$667,1 miljard) en in Oceanië (US$474,7 miljard); maar minder dan in Amerika (US$11,0 biljoen) en in Europa (US$8,7 biljoen). De huishoudelijke uitgaven per hoofd in Azië was groter dan in Afrika (US$735,9); maar minder dan in Oceanië (US$14,3 duizend), in Amerika (US$12,5 duizend) en in Europa (US$11,9 duizend). De groei van de huishoudelijke uitgaven in Azië was groter dan in Oceanië (3,6%), in Amerika (2,7%) en in Europa (2,0%); maar minder dan in Afrika (6,0%).

Subregio's. De huishoudelijke uitgaven van Azië in de jaren 2000 bestond uit: Oost-Azië (67,3%), Zuid-Azië (11,7%), Zuidwest-Azië (11,3%), Zuidoost-Azië (8,9%) en Centraal-Azië (0,80%). Het aandeel van de huishoudelijke uitgaven in het BBP van subregio's: Zuid-Azië (58,8%), Zuidoost-Azië (57,1%), Centraal-Azië (51,1%), Oost-Azië (50,6%) en Zuidwest-Azië (49,7%). De huishoudelijke uitgaven per hoofd van de bevolking in subregio's: Zuidwest-Azië ($3.620,8), Oost-Azië ($2.812,7), Zuidoost-Azië ($1.044,6), Centraal-Azië ($898,4) en Zuid-Azië ($484,0). De groei van de huishoudelijke uitgaven in subregio's: Centraal-Azië (5,7%), Zuidwest-Azië (5,1%), Zuid-Azië (5,0%), Zuidoost-Azië (4,9%) en Oost-Azië (4,0%).

Leiders. De huishoudelijke uitgaven van Azië in de jaren 2000 bestond uit: Japan (40,0%), China (15,6%), India (7,4%), Zuid-Korea (6,8%), Turkije (4,4%), en andere (25,7%). Het aandeel van de huishoudelijke uitgaven in BBP van de leiders: Turkije (62,9%), India (58,2%), Japan (55,9%), Zuid-Korea (53,1%) en China (39,2%). De huishoudelijke uitgaven per hoofd in Azië onder de leiders: Japan ($20.355,9), Zuid-Korea ($9.194,9), Turkije ($4.296,3), China ($766,3) en India ($424,8). De groei van de huishoudelijke uitgaven onder de leiders: China (8,9%), India (5,2%), Zuid-Korea (4,0%), Turkije (3,0%) en Japan (0,81%).

de jaren 2010

De huishoudelijke uitgaven van Azië bedroeg in de jaren 2010 US$13,1 biljoen per jaar, en was vergelijkbaar met Noord-Amerika (US$13,2 biljoen). Het aandeel in de wereld was 29,7%.

Het aandeel van de huishoudelijke uitgaven in het BBP van Azië was 48,0% in de jaren 2010, en was vergelijkbaar met Tsjechië (48,2%), Bermuda (48,3%).

De huishoudelijke uitgaven per hoofd in Azië was $2.977,2 in de jaren 2010s, en was vergelijkbaar met Georgië (US$3,0 duizend), Iran (US$3,0 duizend), Gabon (US$3,0 duizend). De huishoudelijke uitgaven per hoofd in Azië was in 2,0 keer lager dan de huishoudelijke uitgaven per hoofd van de bevolking in de wereld ($6.018,5).

De groei van de huishoudelijke uitgaven in Azië bedroeg 4.9% in de jaren 2010, en was vergelijkbaar met Kosovo (4,9%), Burkina Faso (4,9%), Pakistan (4,9%). De groei van de huishoudelijke uitgaven in Azië (4,9%) was groter dan de groei van de huishoudelijke uitgaven in de wereld (2,8%).

Vergelijking met regio's. De huishoudelijke uitgaven van Azië was 13,0% groter dan in Europa (US$11,6 biljoen), 8,7 keer groter dan in Afrika (US$1,5 biljoen) en 13,9 keer groter dan in Oceanië (US$944,5 miljard); maar 22,5% minder dan in Amerika (US$16,9 biljoen). De huishoudelijke uitgaven per hoofd in Azië was 2,3 keer groter dan in Afrika (US$1.292,9); maar 8,1 keer minder dan in Oceanië (US$24,1 duizend), 5,8 keer minder dan in Amerika (US$17,4 duizend) en 5,2 keer minder dan in Europa (US$15,6 duizend). De groei van de huishoudelijke uitgaven in Azië was groter dan in Afrika (3,3%), in Oceanië (2,3%), in Amerika (2,2%) en in Europa (1,3%).

Subregio's. De huishoudelijke uitgaven van Azië in de jaren 2010 bestond uit: Oost-Azië (61,9%), Zuid-Azië (14,8%), Zuidwest-Azië (11,2%), Zuidoost-Azië (10,9%) en Centraal-Azië (1,1%). Het aandeel van de huishoudelijke uitgaven in het BBP van subregio's: Zuid-Azië (59,4%), Zuidoost-Azië (55,5%), Centraal-Azië (48,6%), Zuidwest-Azië (47,3%) en Oost-Azië (44,9%). De huishoudelijke uitgaven per hoofd van de bevolking in subregio's: Zuidwest-Azië ($5.797,9), Oost-Azië ($4.956,7), Zuidoost-Azië ($2.272,0), Centraal-Azië ($2.156,2) en Zuid-Azië ($1.069,7). De groei van de huishoudelijke uitgaven in subregio's: Centraal-Azië (6,6%), Zuid-Azië (5,7%), Zuidoost-Azië (5,2%), Oost-Azië (4,8%) en Zuidwest-Azië (3,9%).

Leiders. De huishoudelijke uitgaven van Azië in de jaren 2010 bestond uit: China (29,9%), Japan (22,8%), India (9,8%), Zuid-Korea (5,4%), Indonesië (4,1%), en andere (28,0%). Het aandeel van de huishoudelijke uitgaven in BBP van de leiders: India (58,3%), Japan

(57,1%), Indonesië (57,0%), Zuid-Korea (49,3%) en China (37,4%). De huishoudelijke uitgaven per hoofd in Azië onder de leiders: Japan ($23.352,2), Zuid-Korea ($14.117,1), China ($2.801,9), Indonesië ($2.074,7) en India ($989,3). De groei van de huishoudelijke uitgaven onder de leiders: China (8,3%), India (6,8%), Indonesië (5,1%), Zuid-Korea (2,5%) en Japan (0,64%).

Hoofdstuk XIV. Voedsel consumptie

Tijdens de onderzoeksperiode groeide de voedselconsumptie in noten (in 4,6 keer), alcoholische dranken (in 3,7 keer), eieren (in 3,6 keer), vlees (in 3,4 keer), groenten (in 3,2 keer), fruit (in 2,8 keer), stimulerende middelen (in 2,6 keer), melk (in 2,5 keer), plantaardige oliën (in 2,5 keer), specerijen (in 2,2 keer), vis (in 2,2 keer), suiker (met 35,1%), granen (met 6,7%), maar daalde in peulvruchten (met 20,3%), zetmeelrijke wortels (met 31,6%).

Dit zijn de correlatiecoëfficiënten tussen het bni per hoofd van de bevolking in constante prijzen en de voedselconsumptie: noten (0.997), specerijen (0.991), stimulerende middelen (0.99), fruit (0.988), melk (0.986), alcoholische dranken (0.967), groenten (0.966), vis (0.962), vlees (0.952), eieren (0.92), plantaardige oliën (0.893), suiker (0.852), granen (0.121), zetmeelrijke wortels (-0.414), peulvruchten (-0.424).

de jaren 1970

De consumptie van kcal in Azië was 2.080,9 kcal/hoofd/dag in the 1970s, and was on a par with de Dominicaanse Republiek (2.083,8 kcal/hoofd/dag), Zuid-Azië (2.075,0 kcal/hoofd/dag), Centraal-Afrika (2.071,2 kcal/hoofd/dag). De consumptie van kcal in Azië was minder dan in de wereld (2.403,2 kcal/hoofd/dag). De structuur van de consumptie: granen (64.4%), zetmeelrijke wortels (7.4%), suiker (6%), plantaardige oliën (4.2%), peulvruchten (3.4%), en anderen (14.6%).

De consumptie van eiwitten in Azië was 52,3 g/hoofd/dag in the 1970s, and was on a par with Mali (52,2 g/hoofd/dag), Bolivia (52,5 g/hoofd/dag), Antigua en Barbuda (52,7 g/hoofd/dag). De consumptie van eiwitten in Azië was minder dan in de wereld (65,0 g/hoofd/dag). De structuur van de consumptie: granen (59%), peulvruchten (8.4%), vlees (5.9%), vis (5.7%), melk (4.6%), en anderen (16.4%).

De consumptie van vet in Azië was 31,8 g/hoofd/dag in the 1970s, and was on a par with Togo (31,6 g/hoofd/dag), Oost-Afrika (31,5 g/hoofd/dag). De consumptie van vet in Azië was minder dan in de wereld (55,1 g/hoofd/dag). De structuur van de consumptie: plantaardige oliën (31%), granen (18.3%), vlees (17.1%), melk (6.7%), eieren (2.3%), en anderen (24.6%).

Dit zijn niveaus van voedselconsumptie: granen (145,9 kg/hoofd/jr), zetmeelrijke wortels (59,7 kg/hoofd/jr), groenten (52,8 kg/hoofd/jr), fruit (24,5 kg/hoofd/jr), melk (23,4 kg/hoofd/jr), suiker (12,8 kg/hoofd/jr), vis (9,6 kg/hoofd/jr), vlees (9,3 kg/hoofd/jr), peulvruchten (7,6 kg/hoofd/jr), alcoholische dranken (5,4 kg/hoofd/jr), plantaardige oliën (3,6 kg/hoofd/jr), eieren (2,5 kg/hoofd/jr), specerijen (0,69 kg/hoofd/jr), stimulerende middelen (0,56 kg/hoofd/jr), noten (0,47 kg/hoofd/jr).

de jaren 1980

De consumptie van kcal in Azië was 2.333,4 kcal/hoofd/dag in the 1980s, and was on a par with Madagaskar (2.335,0 kcal/hoofd/dag), Kaapverdië (2.352,2 kcal/hoofd/dag), de Maldiven (2.312,2 kcal/hoofd/dag). De consumptie van kcal in Azië was minder dan in de wereld (2.572,3 kcal/hoofd/dag). De structuur van de consumptie: granen (63.9%), suiker (6.2%), plantaardige oliën (5.8%), zetmeelrijke wortels (4.8%), vlees (4%), en anderen (15.3%).

De consumptie van eiwitten in Azië was 58,8 g/hoofd/dag in the 1980s, and was on a par with Ivoorkust (58,8 g/hoofd/dag), Soedan (59,2 g/hoofd/dag), Panama (59,3 g/hoofd/dag). De consumptie van eiwitten in Azië was minder dan in de wereld (69,1 g/hoofd/dag). De structuur van de consumptie: granen (59.5%), vlees (7.6%), peulvruchten (6.4%), vis (5.6%), melk (5.1%), en anderen (15.8%).

De consumptie van vet in Azië was 42,6 g/hoofd/dag in the 1980s, and was on a par with Bolivia (42,3 g/hoofd/dag). De consumptie van vet in Azië was minder dan in de wereld (63,2 g/hoofd/dag). De structuur van de consumptie: plantaardige oliën (35.9%), vlees (19.6%), granen (15%), melk (6.6%), eieren (2.3%), en anderen (20.6%).

Dit zijn niveaus van voedselconsumptie: granen (161,8 kg/hoofd/jr), groenten (67,1 kg/hoofd/jr), zetmeelrijke wortels (44,7 kg/hoofd/jr), melk (29,3 kg/hoofd/jr), fruit (29,3 kg/hoofd/jr), suiker (15,0 kg/hoofd/jr), vlees (13,6 kg/hoofd/jr), vis (10,8 kg/hoofd/jr), alcoholische dranken (8,0 kg/hoofd/jr), peulvruchten (6,5 kg/hoofd/jr), plantaardige oliën (5,6 kg/hoofd/jr), eieren (3,5 kg/hoofd/jr), specerijen (0,78 kg/hoofd/jr), stimulerende middelen (0,73 kg/hoofd/jr), noten (0,56 kg/hoofd/jr).

de jaren 1990

De consumptie van kcal in Azië was 2.494,1 kcal/hoofd/dag in the 1990s, and was on a par with Nigeria (2.496,9 kcal/hoofd/dag), Kirgizië (2.502,4 kcal/hoofd/dag), Paraguay (2.510,8 kcal/hoofd/dag). De consumptie van kcal in Azië was minder dan in de wereld (2.652,6 kcal/hoofd/dag). De structuur van de consumptie: granen (59.9%), plantaardige oliën (6.9%), suiker (6.1%), vlees (5.7%), zetmeelrijke wortels (3.9%), en anderen (17.5%).

De consumptie van eiwitten in Azië was 65,3 g/hoofd/dag in the 1990s, and was on a par with Grenada (65,7 g/hoofd/dag). De consumptie van eiwitten in Azië was minder dan in de wereld (72,1 g/hoofd/dag). De structuur van de consumptie: granen (54.3%), vlees (10.3%), vis (6.5%), melk (5.6%), groenten (5.2%), en anderen (18.1%).

De consumptie van vet in Azië was 54,3 g/hoofd/dag in the 1990s, and was on a par with Cuba (53,9 g/hoofd/dag). De consumptie van vet in Azië was minder dan in de wereld (69,0 g/hoofd/dag). De structuur van de consumptie: plantaardige oliën (35.9%), vlees (23.3%), granen (11.7%), melk (6.1%), eieren (3.3%), en anderen (19.7%).

Dit zijn niveaus van voedselconsumptie: granen (162,7 kg/hoofd/jr), groenten (94,4 kg/hoofd/jr), zetmeelrijke wortels (41,0 kg/hoofd/jr), fruit (39,0 kg/hoofd/jr), melk (36,5 kg/hoofd/jr), vlees (20,5 kg/hoofd/jr), suiker (15,9 kg/hoofd/jr), vis (14,9 kg/hoofd/jr), alcoholische dranken (12,2 kg/hoofd/jr), plantaardige oliën (7,2 kg/hoofd/jr), eieren (6,3 kg/hoofd/jr), peulvruchten (5,6 kg/hoofd/jr), specerijen (0,94 kg/hoofd/jr), noten (0,92 kg/hoofd/jr), stimulerende middelen (0,87 kg/hoofd/jr).

de jaren 2000

De consumptie van kcal in Azië was 2.619,0 kcal/hoofd/dag in the 2000s, and was on a par with Kirgizië (2.621,6 kcal/hoofd/dag), Cyprus (2.622,4 kcal/hoofd/dag), Paraguay (2.615,0 kcal/hoofd/dag). De consumptie van kcal in Azië was minder dan in de wereld (2.765,9 kcal/hoofd/dag). De structuur van de consumptie: granen (54.9%), plantaardige oliën (7.7%), vlees (7.1%), suiker (6.1%), zetmeelrijke wortels (3.8%), en anderen (20.4%).

De consumptie van eiwitten in Azië was 70,9 g/hoofd/dag in the 2000s, and was on a par with Trinidad en Tobago (70,9 g/hoofd/dag), Moldavië (71,1 g/hoofd/dag), Lesotho (71,4 g/hoofd/dag). De consumptie van eiwitten in Azië was minder dan in de wereld (76,5 g/hoofd/dag). De structuur van de consumptie: granen (47.8%), vlees (12.5%), groenten (7.4%), vis (7.2%), melk (6.5%), en anderen (18.6%).

De consumptie van vet in Azië was 64,4 g/hoofd/dag in the 2000s, and was on a par with Noord-Afrika (64,5 g/hoofd/dag), Oezbekistan (64,9 g/hoofd/dag). De consumptie van vet in Azië was minder dan in de wereld (76,9 g/hoofd/dag). De structuur van de consumptie: plantaardige oliën (35.5%), vlees (25.3%), granen (9.4%), melk (5.9%), eieren (3.7%), en anderen (20.2%).

Dit zijn niveaus van voedselconsumptie: granen (156,6 kg/hoofd/jr), groenten (145,5 kg/hoofd/jr), fruit (54,2 kg/hoofd/jr), melk (47,5 kg/hoofd/jr), zetmeelrijke wortels (44,4 kg/hoofd/jr), vlees (26,9 kg/hoofd/jr), vis (18,7 kg/hoofd/jr), suiker (16,6 kg/hoofd/jr), alcoholische dranken (15,8 kg/hoofd/jr), plantaardige oliën (8,4 kg/hoofd/jr), eieren (8,4 kg/hoofd/jr), peulvruchten (5,3 kg/hoofd/jr), noten (1,4 kg/hoofd/jr), specerijen (1,2 kg/hoofd/jr), stimulerende middelen (1,1 kg/hoofd/jr).

de jaren 2010

De consumptie van kcal in Azië was 2.759,8 kcal/hoofd/dag in the 2010s, and was on a par with Jamaica (2.757,5 kcal/hoofd/dag), Melanesië (2.767,8 kcal/hoofd/dag), Thailand (2.771,0 kcal/hoofd/dag). De consumptie van kcal in Azië was minder dan in de wereld (2.869,3 kcal/hoofd/dag). De structuur van de consumptie: granen (51.7%), plantaardige oliën (8%), vlees (7.8%), suiker (6%), groenten (4.2%), en anderen (22.3%).

De consumptie van eiwitten in Azië was 76,7 g/hoofd/dag in the 2010s, and was on a par with Jamaica (76,8 g/hoofd/dag), Panama (77,0 g/hoofd/dag), Guyana (77,0 g/hoofd/dag). De consumptie van eiwitten in Azië was minder dan in de wereld (80,6 g/hoofd/dag). De structuur van de consumptie: granen (43.5%), vlees (13.6%), groenten (8.1%), vis (7.6%), melk (7.4%), en anderen (19.8%).

De consumptie van vet in Azië was 72,1 g/hoofd/dag in the 2010s, and was on a par with Honduras (72,0 g/hoofd/dag), Gambia (72,7 g/hoofd/dag). De consumptie van vet in Azië was minder dan in de wereld (82,4 g/hoofd/dag). De structuur van de consumptie: plantaardige oliën (34.4%), vlees (26.1%), granen (8.1%), melk (6.6%), eieren (3.6%), en anderen (21.2%).

Dit zijn niveaus van voedselconsumptie: groenten (170,9 kg/hoofd/jr), granen (155,6 kg/hoofd/jr), fruit (68,6 kg/hoofd/jr), melk (59,0 kg/hoofd/jr), zetmeelrijke wortels (45,4 kg/hoofd/jr), vlees (31,7 kg/hoofd/jr), vis (21,4 kg/hoofd/jr), alcoholische dranken (19,7 kg/hoofd/jr), suiker (17,3 kg/hoofd/jr), eieren (9,2 kg/hoofd/jr), plantaardige oliën (9,1 kg/hoofd/jr), peulvruchten (6,3 kg/hoofd/jr), noten (2,2 kg/hoofd/jr), specerijen (1,5 kg/hoofd/jr), stimulerende middelen (1,5 kg/hoofd/jr).

Part V. Reproductie

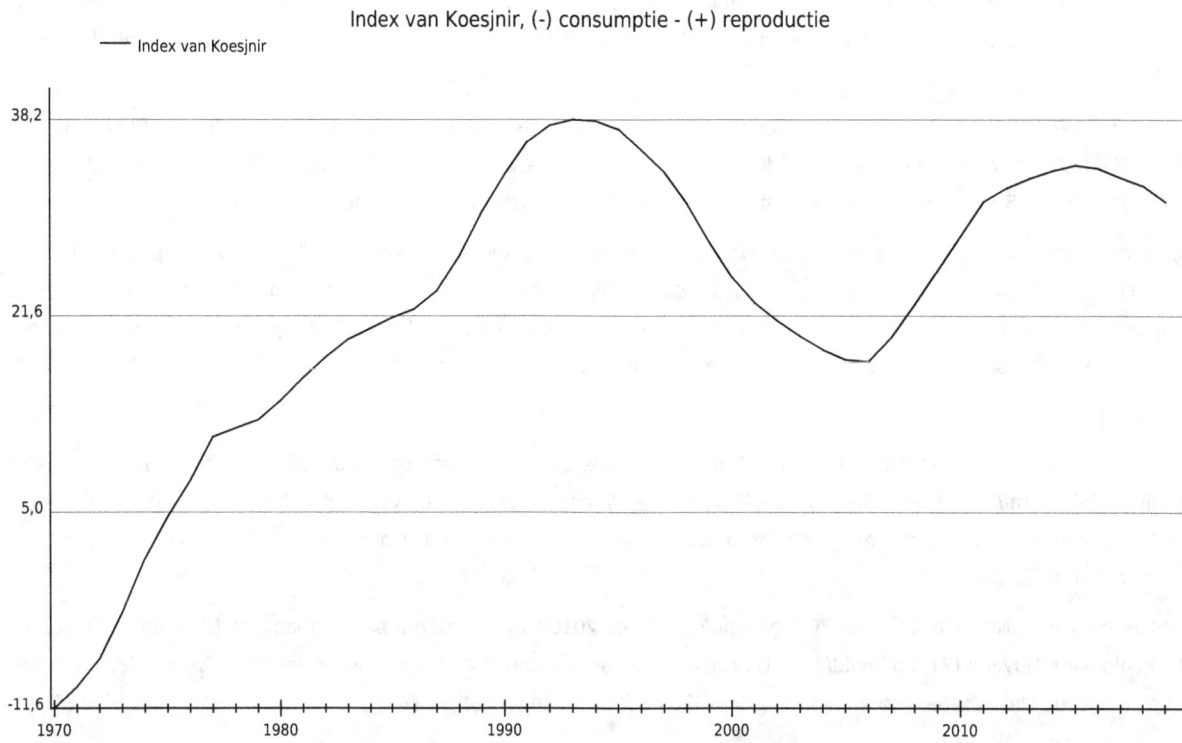

Hoofdstuk XV. Bruto-investeringen in vaste activa

De bruto-investeringen in vaste activa van Azië steeg van US$350,9 miljard per jaar in de jaren 1970 tot US$8,8 biljoen per jaar in de jaren 2010, dat wil zeggen met US$8,5 biljoen of 25,2 keer. De verandering vond plaats op US$5,8 biljoen als gevolg van een 2,9-voudige stijging van de prijzen, en ook op US$2,3 biljoen als gevolg van een 4,5-voudige toename van het tarief per hoofd , evenals op US$315,4 miljard als gevolg van de toename van de bevolking. De gemiddelde jaarlijkse groei van de investeringen in vaste activa is 5,6%. De minimumwaarde van de investeringen in vaste activa bedroeg US$140,0 miljard in 1970. De maximumwaarde van de investeringen in vaste activa bedroeg US$10,9 biljoen in 2019.

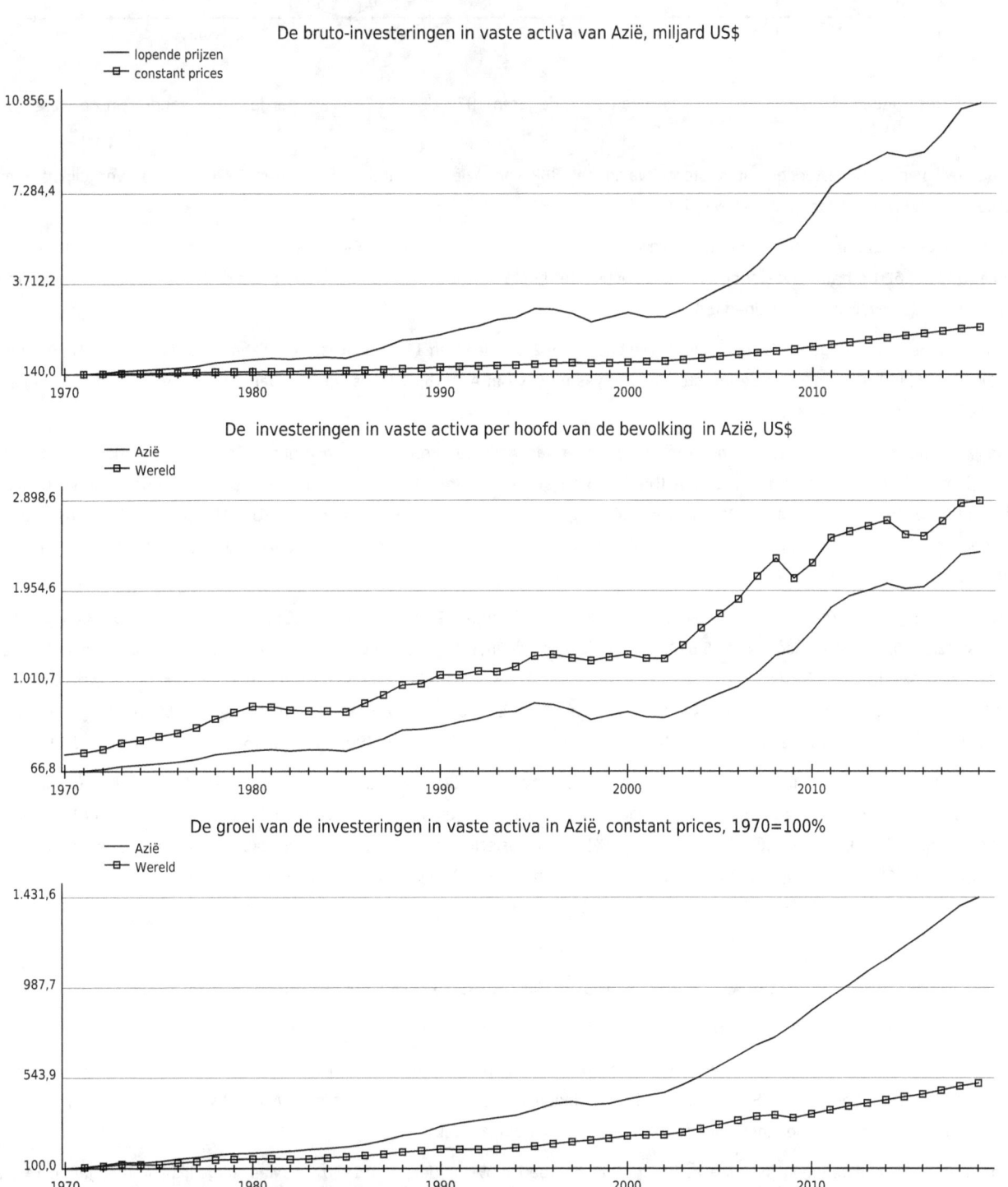

De bruto-investeringen in vaste activa van Azië, miljard US$

De investeringen in vaste activa per hoofd van de bevolking in Azië, US$

De groei van de investeringen in vaste activa in Azië, constant prices, 1970=100%

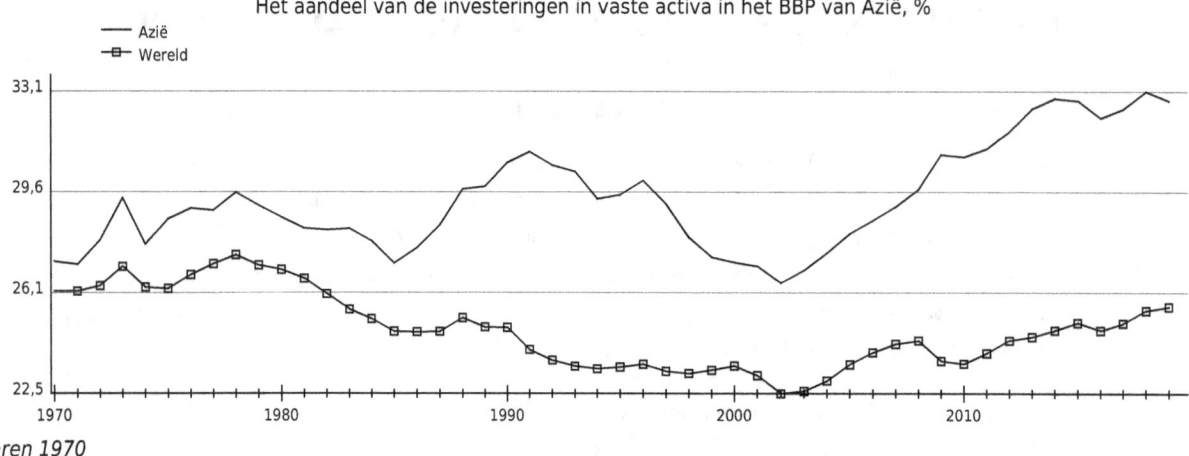

Het aandeel van de investeringen in vaste activa in het BBP van Azië, %

de jaren 1970

De bruto-investeringen in vaste activa van Azië bedroeg in de jaren 1970 US$350,9 miljard per jaar. Het aandeel in de wereld was 20,0%.

Het aandeel van de investeringen in vaste activa in het BBP van Azië was 28,8% in de jaren 1970, en was vergelijkbaar met Liechtenstein (28,7%), Finland (28,7%), Nieuw-Caledonië (28,6%).

De bruto-investeringen in vaste activa per hoofd in Azië was $151,1 in de jaren 1970s, en was vergelijkbaar met Palau (US$153,9), Angola (US$154,6). De bruto-investeringen in vaste activa per hoofd in Azië was in 2,9 keer lager dan de investeringen in vaste activa per hoofd van de bevolking in de wereld ($433,5).

De groei van de investeringen in vaste activa in Azië bedroeg 6.2% in de jaren 1970, en was vergelijkbaar met Liberia (6,2%), Polynesië (6,3%), Peru (6,3%). De groei van de investeringen in vaste activa in Azië (6,2%) was groter dan de groei van de investeringen in vaste activa in de wereld (4,2%).

Vergelijking met regio's. De investeringen in vaste activa van Azië was groter dan in Afrika (US$118,9 miljard) en in Oceanië (US$30,7 miljard); maar minder dan in Europa (US$738,5 miljard) en in Amerika (US$511,3 miljard). De investeringen in vaste activa per hoofd in Azië was minder dan in Oceanië (US$1.437,8), in Europa (US$1.018,0), in Amerika (US$913,4) en in Afrika (US$289,8). De groei van de investeringen in vaste activa in Azië was groter dan in Amerika (5,3%), in Oceanië (2,6%) en in Europa (2,4%); maar minder dan in Afrika (7,1%).

Subregio's. De investeringen in vaste activa van Azië in de jaren 1970 bestond uit: Oost-Azië (71,6%), Zuid-Azië (12,0%), Zuidwest-Azië (10,8%) en Zuidoost-Azië (5,6%). Het aandeel van de investeringen in vaste activa in het BBP van subregio's: Oost-Azië (32,3%), Zuid-Azië (23,3%), Zuidwest-Azië (22,3%) en Zuidoost-Azië (21,5%). De bruto-investeringen in vaste activa per hoofd van de bevolking in subregio's: Zuidwest-Azië ($449,0), Oost-Azië ($229,2), Zuidoost-Azië ($62,7) en Zuid-Azië ($50,9). De groei van de investeringen in vaste activa in subregio's: Zuidwest-Azië (12,1%), Zuidoost-Azië (10,7%), Zuid-Azië (6,3%) en Oost-Azië (5,1%).

Leiders. De bruto-investeringen in vaste activa van Azië in de jaren 1970 bestond uit: Japan (54,6%), China (12,5%), Iran (5,6%), India (5,1%), Turkije (3,3%), en andere (18,8%). Het aandeel van de investeringen in vaste activa in BBP van de leiders: Iran (40,8%), Japan (34,3%), China (28,1%), Turkije (18,8%) en India (18,0%). De investeringen in vaste activa per hoofd in Azië onder de leiders: Japan ($1.720,7), Iran ($607,9), Turkije ($294,7), China ($48,0) en India ($29,2). De groei van de investeringen in vaste activa onder de leiders: Iran (8,2%), China (7,5%), India (4,7%), Turkije (4,5%) en Japan (3,9%).

de jaren 1980

De investeringen in vaste activa van Azië bedroeg in de jaren 1980 US$990,6 miljard per jaar. Het aandeel in de wereld was 25,9%.

Het aandeel van de investeringen in vaste activa in het BBP van Azië was 28,6% in de jaren 1980.

De bruto-investeringen in vaste activa per hoofd in Azië was $349,2 in de jaren 1980s, en was vergelijkbaar met Ecuador (US$349,6), Tunesië (US$349,8), Botswana (US$353,0). De investeringen in vaste activa per hoofd in Azië was in 2,3 keer lager dan de investeringen in vaste activa per hoofd van de bevolking in de wereld ($790,9).

De groei van de investeringen in vaste activa in Azië bedroeg 4.8% in de jaren 1980, en was vergelijkbaar met Japan (4,8%),

Luxemburg (4,8%). De groei van de investeringen in vaste activa in Azië (4,8%) was groter dan de groei van de investeringen in vaste activa in de wereld (2,5%).

Vergelijking met regio's. De bruto-investeringen in vaste activa van Azië was groter dan in Afrika (US$196,1 miljard) en in Oceanië (US$70,0 miljard); maar minder dan in Europa (US$1,3 biljoen) en in Amerika (US$1,2 biljoen). De bruto-investeringen in vaste activa per hoofd in Azië was minder dan in Oceanië (US$2,8 duizend), in Amerika (US$1.848,1), in Europa (US$1.748,4) en in Afrika (US$362,0). De groei van de investeringen in vaste activa in Azië was groter dan in Europa (2,2%), in Amerika (1,9%) en in Afrika (-3,3%); maar minder dan in Oceanië (4,9%).

Subregio's. De bruto-investeringen in vaste activa van Azië in de jaren 1980 bestond uit: Oost-Azië (74,4%), Zuid-Azië (10,2%), Zuidwest-Azië (9,0%) en Zuidoost-Azië (6,4%). Het aandeel van de investeringen in vaste activa in het BBP van subregio's: Oost-Azië (30,7%), Zuidoost-Azië (25,2%), Zuid-Azië (24,1%) en Zuidwest-Azië (22,7%). De bruto-investeringen in vaste activa per hoofd van de bevolking in subregio's: Zuidwest-Azië ($780,4), Oost-Azië ($576,9), Zuidoost-Azië ($160,4) en Zuid-Azië ($96,5). De groei van de investeringen in vaste activa in subregio's: Zuidoost-Azië (6,9%), Oost-Azië (5,6%), Zuid-Azië (2,5%) en Zuidwest-Azië (-0,73%).

Leiders. De investeringen in vaste activa van Azië in de jaren 1980 bestond uit: Japan (57,7%), China (9,9%), India (5,4%), Zuid-Korea (3,8%), Iran (3,5%), en andere (19,7%). Het aandeel van de investeringen in vaste activa in BBP van de leiders: Iran (32,9%), Japan (31,5%), Zuid-Korea (30,7%), China (29,7%) en India (22,2%). De bruto-investeringen in vaste activa per hoofd in Azië onder de leiders: Japan ($4.713,7), Zuid-Korea ($921,1), Iran ($755,4), China ($91,5) en India ($68,9). De groei van de investeringen in vaste activa onder de leiders: Zuid-Korea (9,2%), China (7,5%), India (5,4%), Japan (4,8%) en Iran (-2,9%).

de jaren 1990

De bruto-investeringen in vaste activa van Azië bedroeg in de jaren 1990 US$2,3 biljoen per jaar. Het aandeel in de wereld was 34,0%.

Het aandeel van de investeringen in vaste activa in het BBP van Azië was 29,5% in de jaren 1990, en was vergelijkbaar met Aruba (29,2%).

De investeringen in vaste activa per hoofd in Azië was $661,5 in de jaren 1990s, en was vergelijkbaar met Rusland (US$664,1), Polen (US$652,8), Belize (US$651,0). De bruto-investeringen in vaste activa per hoofd in Azië was 44,1% lager dan de investeringen in vaste activa per hoofd van de bevolking in de wereld ($1.183,8).

De groei van de investeringen in vaste activa in Azië bedroeg 4.3% in de jaren 1990, en was vergelijkbaar met Saint Lucia (4,3%), Botswana (4,3%). De groei van de investeringen in vaste activa in Azië (4,3%) was groter dan de groei van de investeringen in vaste activa in de wereld (2,8%).

Vergelijking met regio's. De bruto-investeringen in vaste activa van Azië was groter dan in Europa (US$2,1 biljoen), in Amerika (US$2,1 biljoen), in Afrika (US$122,7 miljard) en in Oceanië (US$106,7 miljard). De bruto-investeringen in vaste activa per hoofd in Azië was groter dan in Afrika (US$173,2); maar minder dan in Oceanië (US$3,7 duizend), in Europa (US$3,0 duizend) en in Amerika (US$2,7 duizend). De groei van de investeringen in vaste activa in Azië was groter dan in Oceanië (3,9%), in Afrika (3,2%) en in Europa (0,024%); maar minder dan in Amerika (4,4%).

Subregio's. De investeringen in vaste activa van Azië in de jaren 1990 bestond uit: Oost-Azië (79,2%), Zuidoost-Azië (7,5%), Zuid-Azië (6,5%), Zuidwest-Azië (6,4%) en Centraal-Azië (0,53%). Het aandeel van de investeringen in vaste activa in het BBP van subregio's: Oost-Azië (30,8%), Zuidoost-Azië (29,9%), Centraal-Azië (25,7%), Zuid-Azië (24,6%) en Zuidwest-Azië (22,2%). De bruto-investeringen in vaste activa per hoofd van de bevolking in subregio's: Oost-Azië ($1.245,8), Zuidwest-Azië ($890,4), Zuidoost-Azië ($355,4), Centraal-Azië ($228,8) en Zuid-Azië ($113,0). De groei van de investeringen in vaste activa in subregio's: Zuid-Azië (6,3%), Zuidwest-Azië (4,6%), Oost-Azië (4,1%), Zuidoost-Azië (3,6%) en Centraal-Azië (-12,0%).

Leiders. De investeringen in vaste activa van Azië in de jaren 1990 bestond uit: Japan (57,4%), China (10,2%), Zuid-Korea (6,9%), India (4,0%), Turkije (2,4%), en andere (19,2%). Het aandeel van de investeringen in vaste activa in BBP van de leiders: Zuid-Korea (35,6%), China (32,6%), Japan (30,4%), India (25,3%) en Turkije (23,1%). De bruto-investeringen in vaste activa per hoofd in Azië onder de leiders: Japan ($10.425,9), Zuid-Korea ($3.526,1), Turkije ($932,8), China ($189,5) en India ($95,7). De groei van de investeringen in vaste activa onder de leiders: China (12,7%), India (7,9%), Zuid-Korea (6,7%), Turkije (4,4%) en Japan (0,18%).

de jaren 2000

De bruto-investeringen in vaste activa van Azië bedroeg in de jaren 2000 US$3,6 biljoen per jaar, en was vergelijkbaar met Amerika

(US$3,6 biljoen). Het aandeel in de wereld was 32,6%.

Het aandeel van de investeringen in vaste activa in het BBP van Azië was 28,5% in de jaren 2000, en was vergelijkbaar met Roemenië (28,6%), Turkmenistan (28,3%), Botswana (28,3%).

De investeringen in vaste activa per hoofd in Azië was $905,5 in de jaren 2000s, en was vergelijkbaar met de Dominicaanse Republiek (US$898,5), Kaapverdië (US$917,1), Albanië (US$892,9). De bruto-investeringen in vaste activa per hoofd in Azië was 46,4% lager dan de investeringen in vaste activa per hoofd van de bevolking in de wereld ($1.690,7).

De groei van de investeringen in vaste activa in Azië bedroeg 6.8% in de jaren 2000, en was vergelijkbaar met Noord-Afrika (6,7%). De groei van de investeringen in vaste activa in Azië (6,8%) was groter dan de groei van de investeringen in vaste activa in de wereld (3,5%).

Vergelijking met regio's. De bruto-investeringen in vaste activa van Azië was groter dan in Europa (US$3,4 biljoen), in Afrika (US$254,6 miljard) en in Oceanië (US$219,8 miljard); maar minder dan in Amerika (US$3,6 biljoen). De investeringen in vaste activa per hoofd in Azië was groter dan in Afrika (US$280,9); maar minder dan in Oceanië (US$6,6 duizend), in Europa (US$4,6 duizend) en in Amerika (US$4,1 duizend). De groei van de investeringen in vaste activa in Azië was groter dan in Afrika (5,6%), in Oceanië (5,0%), in Europa (1,6%) en in Amerika (1,3%).

Subregio's. De bruto-investeringen in vaste activa van Azië in de jaren 2000 bestond uit: Oost-Azië (72,0%), Zuid-Azië (11,1%), Zuidwest-Azië (9,4%), Zuidoost-Azië (6,8%) en Centraal-Azië (0,74%). Het aandeel van de investeringen in vaste activa in het BBP van subregio's: Zuid-Azië (30,6%), Oost-Azië (29,7%), Centraal-Azië (26,0%), Zuidoost-Azië (24,1%) en Zuidwest-Azië (22,5%). De bruto-investeringen in vaste activa per hoofd van de bevolking in subregio's: Oost-Azië ($1.652,2), Zuidwest-Azië ($1.642,9), Centraal-Azië ($456,7), Zuidoost-Azië ($439,7) en Zuid-Azië ($252,0). De groei van de investeringen in vaste activa in subregio's: Centraal-Azië (11,9%), Zuidwest-Azië (8,9%), Zuid-Azië (8,7%), Zuidoost-Azië (6,4%) en Oost-Azië (6,3%).

Leiders. De investeringen in vaste activa van Azië in de jaren 2000 bestond uit: Japan (32,2%), China (29,0%), India (7,8%), Zuid-Korea (7,2%), Turkije (3,2%), en andere (20,6%). Het aandeel van de investeringen in vaste activa in BBP van de leiders: China (40,0%), India (33,7%), Zuid-Korea (30,8%), Turkije (24,8%) en Japan (24,7%). De investeringen in vaste activa per hoofd in Azië onder de leiders: Japan ($8.981,8), Zuid-Korea ($5.326,8), Turkije ($1.698,1), China ($782,2) en India ($245,8). De groei van de investeringen in vaste activa onder de leiders: China (13,4%), India (9,5%), Turkije (6,4%), Zuid-Korea (4,1%) en Japan (-2,0%).

de jaren 2010

De investeringen in vaste activa van Azië bedroeg in de jaren 2010 US$8,8 biljoen per jaar. Het aandeel in de wereld was 46,0%.

Het aandeel van de investeringen in vaste activa in het BBP van Azië was 32,3% in de jaren 2010, en was vergelijkbaar met Groenland (32,5%), Indonesië (32,2%), Zambia (32,1%).

De investeringen in vaste activa per hoofd in Azië was $2.007,4 in de jaren 2010s, en was vergelijkbaar met Argentinië (US$1.997,2), Costa Rica (US$1.994,2). De investeringen in vaste activa per hoofd in Azië was 23,4% lager dan de investeringen in vaste activa per hoofd van de bevolking in de wereld ($2.621,1).

De groei van de investeringen in vaste activa in Azië bedroeg 6% in de jaren 2010, en was vergelijkbaar met Azerbeidzjan (6,0%), Kameroen (6,0%). De groei van de investeringen in vaste activa in Azië (6,0%) was groter dan de groei van de investeringen in vaste activa in de wereld (4,1%).

Vergelijking met regio's. De bruto-investeringen in vaste activa van Azië was 71,9% groter dan in Amerika (US$5,1 biljoen), 2,1 keer groter dan in Europa (US$4,3 biljoen), 17,2 keer groter dan in Afrika (US$514,5 miljard) en 21,4 keer groter dan in Oceanië (US$413,9 miljard). De investeringen in vaste activa per hoofd in Azië was 4,6 keer groter dan in Afrika (US$440,4); maar 5,3 keer minder dan in Oceanië (US$10,5 duizend), 2,9 keer minder dan in Europa (US$5,8 duizend) en 2,6 keer minder dan in Amerika (US$5,3 duizend). De groei van de investeringen in vaste activa in Azië was groter dan in Afrika (3,1%), in Amerika (2,9%), in Europa (2,2%) en in Oceanië (1,3%).

Subregio's. De bruto-investeringen in vaste activa van Azië in de jaren 2010 bestond uit: Oost-Azië (71,9%), Zuid-Azië (10,6%), Zuidwest-Azië (8,6%), Zuidoost-Azië (8,0%) en Centraal-Azië (0,91%). Het aandeel van de investeringen in vaste activa in het BBP van subregio's: Oost-Azië (35,2%), Zuid-Azië (28,7%), Zuidoost-Azië (27,5%), Centraal-Azië (26,6%) en Zuidwest-Azië (24,3%). De bruto-investeringen in vaste activa per hoofd van de bevolking in subregio's: Oost-Azië ($3.880,4), Zuidwest-Azië ($2.980,9),

Centraal-Azië ($1.182,3), Zuidoost-Azië ($1.125,1) en Zuid-Azië ($516,4). De groei van de investeringen in vaste activa in subregio's: Centraal-Azië (8,4%), Oost-Azië (6,3%), Zuidoost-Azië (6,2%), Zuid-Azië (4,7%) en Zuidwest-Azië (4,0%).

Leiders. De investeringen in vaste activa van Azië in de jaren 2010 bestond uit: China (51,1%), Japan (13,7%), India (7,9%), Zuid-Korea (4,9%), Indonesië (3,4%), en andere (19,1%). Het aandeel van de investeringen in vaste activa in BBP van de leiders: China (43,0%), Indonesië (32,2%), India (31,5%), Zuid-Korea (29,9%) en Japan (23,1%). De bruto-investeringen in vaste activa per hoofd in Azië onder de leiders: Japan ($9.460,2), Zuid-Korea ($8.563,8), China ($3.224,9), Indonesië ($1.171,9) en India ($535,2). De groei van de investeringen in vaste activa onder de leiders: China (8,0%), Indonesië (6,2%), India (5,8%), Zuid-Korea (2,9%) en Japan (1,8%).